KB196058

용기 있게 얼스어스

용기 있게 얼스어스

세상에 없던 브랜드를 만드는 사람의 이야기

길현희 지음

유유히

모든 사람들이 세상을 바꾸려 할 뿐,
스스로를 바꾸려 하지 않는다.

레프 톨스토이

earth
us.

얼스어스는 일회용품을 제공하지 않습니다

얼스어스는 제철 재료로 디저트를 준비합니다

#번거로운포장법

용기 들고 용기 내서 오세요

얼스어스에서는 다회용기 포장이 가능합니다

earth
us

2017년 11월 10일
서울시 마포구 연남동 한 귀퉁이에
문을 연 얼스어스 1호점

층고가 낮은 옛날 주택 차고지라 더없이 아늑하다

창가 쪽에 마련된 2인 테이블

부산 해운대 달맞이고개 위에 있던 얼스어스 2호점
(2019년 12월 5일~2021년 1월 12일)

폐점할 때 오른쪽에 있는 중문은 잘 떼어두었다가
성수 얼스케이크베이크샵을 열 때 달아주었다

한눈에 맘에 든 적산가옥
서촌 얼스어스 3호점

사람의 손길이 닿지 않았던 서촌점 중정

오픈 이후 정리된 중정 풍경

큰 창을 통해 중정을 마음껏 바라볼 수 있는
2층 좌식 테이블

세컨드 브랜드 얼스케이크베이크샵 오픈
(2023년 6월 20일~2024년 3월 3일)

두 건물 사이를 잇는
유리 천장이
파리에서 만난
카페 벨빌을 떠올리게 했다

차례

2부 세상에 없던 브랜드 제로 웨이스트 카페를 열다

3부 사람을 대하는 진심이 전부입니다

4부 지속가능한 브랜드로 남기

earth
us

프롤로그

기꺼이 번거로움을 감수하는 카페 얼스어스입니다

2017년 11월 10일, '제로 웨이스트(Zero Waste)'라는 말이 국내에서는 쓰이지 않던 시절에 '포장이 되지 않는 이상한 카페'라는 소개말과 함께 연남동 한구석에 아담한 카페 문을 열었습니다. 플라스틱 빨대, 일회용컵은 쓰지 않고, 티슈 대신 손수건을 제공하는 조금은 불편한 카페, 바로 얼스어스입니다.

이 불편한 카페에 무엇보다 맛있는 커피를 마시고 제철 디저트를 먹으러 많은 분들이 찾아옵니다. 얼스어스에서 1년 내내 같은 메뉴를 찾기란 어렵습니다. 자연의 순환에 맞춰 얼스어스의 1년이 함께 흐르기 때문이죠. 12월 딸기, 2월 고구마, 5월 망고와 바나나, 6월 말부터는 블루베리와 초당옥수수, 8월 복숭아, 9월 무화과, 10월 고구마와 바나나, 11월 키위와 샤인머스켓 순으로 찾아옵니다. 제철 메뉴를 꼭 먹어야 하는 사람들은 저희 얼스어스로 자연스럽게 향합니다.

오픈한 지 얼마 지나지 않아 포장이 되지 않는 이 이상한 카페에 조금 더 이상한 손님들이 나타났습니다. 일회용품을 쓰지 않아 포장이 안 된다는 얼스어스에 양은냄비, 김치 통, 반찬 통, 웍 등 다양한 다회용기를 들고 와서 "여기에 담아 주세요" 하는 사람들이죠. 손님이 가져온 용기에 어떻게든 담아주는 게 얼스어스만의 미션이 되었습니다. '번거로운 포장법'은 이렇게 시작됐습니다.

어느새 창업 7년 차, 일상에서도 일에서도 쓰레기를 가능한 한 줄이는 게 습관이 되었습니다. 환경오염으로 인해 제가 받을 영향과 제가 매일 시도할 수 있는 일에 대해 늘 고민하는 사람이 되었습니다. 이와 같은 생활 방식이 '별거 아닌 것'이라고, 하루 세 번 꼬박 양치하듯이 텀블러와 손수건을 습관처럼 들고 다니는 것부터 시작해보자고, 기회가 되면 제안하는 사람이 되었습니다. 어렸을 때부터 여전한 저의 꿈은 '열심히 일하면 일할수록 조금 더 나은 세상을 만드는 것'이었고, 그 꿈은 어느새 얼스어스와 함께 이루었습니다.

원칙을 정하고 꾸준히 지켜온 지난 7년 동안, 시작부터 오늘에 이르기까지 하고 싶은 말이 생겼습니다. 얼스어스가 가고자 하는 방향과 목표에 함께하는 사람들이 더 많았으면 하는 마음에 이 책을 쓰기 시작했습니다.

마지막 책장을 덮을 때, 지구를 위해 함께 해보고 싶은 작은 일들이 떠오르면 좋겠습니다.

그럼 연남동 작은 카페 얼스어스 이야기를 시작합니다.

1

커피를 통해 지구를 말하는 방법

일을 한다는 건 내가 아닌 다른 사람이 되는 일

학창 시절, 집 앞에 있는 프랜차이즈 빵집 하나가 저의 단골가게였습니다. 시험이 끝나거나 용돈을 받는 날이면 어김없이 빵집을 들러 크림이 가득한 슈(choux, 양배추 모양의 페이스트리)를 사 먹었습니다. 크림이 부족한 슈에는 생크림을 직접 더 채워 한 입 가득 왕! 하고 먹곤 했습니다. 좋아하는 디저트를 먹을 생각에, 익숙한 가게에 들어서는 순간부터 기분이 좋아졌습니다. 특히 빵이 갓 나오는 시간에 가면 포근포근한 빵 굽는 냄새가 다정하게 느껴질 정도였죠.

투명한 유리 사이로 살짝 보이는 작은 주방에는 커다란 오븐과 무시무시하게 생긴 반죽기 앞에 튼튼한 팔을 자랑하는 여자 제빵사가 있었습니다. 손님이 와도 한번 뒤돌아보지 않고 묵묵히 할 일을 하는 모습이 무서울 정도로 멋진 분위기를 풍겼습니다.

재수를 하고 스무 살 끝자락에 처음으로 아르바이트를 찾던 중, 때마침 저의 단골 빵집에서 파트타이머를 구한다는 소식을 접했습니다. 집이 가까운 아르바이트생이야말로 최고의 장점이라고 열심히 어필한 뒤 연락을 기다렸습니다. 며칠 뒤 면접을 보러 오라는 회신을 받았습니다.

일상적으로 오갔던 곳인데도 면접을 보러 들어가자니 손잡이부터 생소하게 느껴졌습니다. 한 번도 본 적 없던 사장님이 저를 맞이했습니다. 간단하게 몇 가지 질문이 오간 뒤 그 자리에서 바로 출근 날짜와 근무 시간, 준비물 등을 알려주셨습니다. 난생처음 값어치 있는 일을 하게 된다는 기대에 기쁘고 홀가분한 마음으로 집에 돌아왔습니다.

대망의 출근날, 겨우 눈꼽만 떼고 아침 7시까지 가게에 도착했습니다. 예전부터 눈여겨보던 엄청난 멋을 풍기던 제빵사 한 분과 막 나온 따끈따끈한 빵을 포장하고 있는 알바생이 먼저 와 있었습니다. 알고 보니 알바생은 중학교 동창생으로 졸업한 뒤로 처음 보는 것이었어요. 반가움은 잠시, 빵이 망가지지 않게 포장하고 음료를 만들고 계산을 하고 재고를 파악하는 등 그 친구에게서 많은 업무를 배웠습니다. 학교에서는 미처 몰랐던 똑 부러지는 친구의 모습이 초보 알바생의 눈에는 정말 멋지고 대단해 보였습니다.

이곳에서 도움이 되는 존재가 되고 싶었습니다. '돈 받는 만큼 해내야 해!'라는 마음보다는 함께 일하는 사람들에게 도움이 되고 싶었습니다. 일을 빨리 배우기 위해 매일 토씨 하나 빠뜨리지 않고 메모를 했습니다. 퇴근 후에 메뉴와 가격, 재고 위치나 음료 레시피 등 약간의 암기가 필요한 것들을 달달 외웠습니다. 그렇게 노력하면서도 손님이 들어오면 바짝 긴장이 되었습니다.

'주문을 잘 받을 수 있을까?'

'포장하다 빵을 떨어뜨리면 어떡하지?'

'거스름돈을 잘못 드리면 큰일이 날 텐데……'

온갖 걱정들이 매분 매초 몰아쳤고 그렇게 몇 주가 지났습니다. 다행히 일은 점점 익숙해졌습니다. 친구만큼 아는 것도 많아지고 혼자 일을 척척 해내기 시작했습니다. 사장님이 친구가 아닌 저에게 직접 매장과 관련한 일을 지시할 때면 인정받은 기분이 들었습니다. 추가근무 등 일을 더 하게 되더라도 제가 이 가게에 쓸모 있는 존재라는 것이 마냥 기뻤습니다.

마음의 여유를 찾으니 안쪽 주방이 그제야 보였습니다. 어릴 때부터 보던 제빵사 분은 생각보다 저와 나이 차이가 얼마 나지 않았습니다. 매일 이른 아침에 나와 빵을 굽는 제빵사의 근면함, 성실함이 정말 멋져 보였습니다. 대화를 하다 보니 생긋 잘 웃고 이야기도 잘하는 분이었습니다. 혼자 새벽부터 뜨거운 오븐 열기와 밀가루와 버터와 씨름하던 묵묵한 그 분과 같은 사람이 맞나 싶을 정도로요.

가게에 손님으로 올 때와 일하는 사람으로 있는 것은 달랐습니다. 일을 한다는 건 나로서 있지 않겠다는 의지 같달까요. 평소엔 다정다감한 사람이지만 빵을 만드는 과정에서는 실수하지 않겠다는 마음으로 미간 사이 약간의 주름을 만드는 일, 불필요한 말수를 줄이는 일, 주변 인기척에 반응하지 않으며 하고 있는 일에 집중력을 발휘하는 일, 단호하고 확실한 성격 대신 손님 앞에서는 친절하고 유연한 스태프로 서 있는 일, 집에서는 언제나 게으르고 소파에 퍼져 있지만 가게에서는 누구보다 부지런하고 남에게 피해가 되지 않도록 신경을 곤두세우는 일이라고 해야 할까요.

첫 아르바이트는 저에게 '일을 한다는 건 나로서 있지 않겠다는 의지'라는 정의를 가르쳐주었습니다. 그 정의는 훗날 카페 얼스어스를 하면서 평소의 모습과 다르게 카페에서 일할 때 보여주는 접객 태도가 되었습니다.

인생 커피는 마지막까지 애쓰는 마음이 만든다

처음부터 커피를 좋아했던 건 아니었습니다. 고등학교 1학년 때 처음 '카페'라는 공간에 푹 빠졌습니다. 스타벅스, 커피빈, 탐앤탐스, 할리스커피 등 많은 프랜차이즈 카페가 생기고 4,000원이나 주고 이걸 사 먹느냐며 핀잔을 들어야만 했던 아메리카노를 꼭 마셔야 했던 때가 있었습니다. 그보다 더 무자비한 곳들도 있었죠. 홍대나 상수 쪽에는 작은 평수의 개인 가게들이 많았는데 지금으로부터 10여 년 전에도 아메리카노가 5,000원씩 하던 곳들입니다. 그 무렵부터 카페가 그 지역 상권의 주요 자리를 차지하기 시작했던 걸로 기억합니다.

고등학생인 제 눈을 가장 사로잡았던 건 홍대에 위치했던 카페 aA 디자인 뮤지엄입니다. 일주일 용돈을 고이 모아 금요일 저녁이면 관심이 비슷한 친구와 함께 카페 aA를 종종 찾아갔습니다. 현재 감도 높은 공간들도 그 당시 이 공간의 감흥을 이기기는 어려워 보이기까지 합니다. 가게에 들어서면 문 바로 옆에 아주 조그만 빈티지 테이블이 있었는데 그 좁은 공간에 앉아 그곳을 찾는 사람들을 관찰하고 구경하는 게 저의 가장 큰 행복이었습니다. 당시 커피 맛도 잘 몰랐습니다. 그저 공간에 매료되어 이 공간에 있다는 것만으로도 꿈꾸던 여행을 하는 기분이 들곤 했습니다. 그때부터 '대학생이 되면 꼭 카페 언니가 되어야지' 다짐을 했습니다.

대학교 1학년이 되자마자 계획을 즉시 실행에 옮깁니다. 홍대 여기저기를 돌아다니다 한 번쯤 일하고 싶은 카페가 보이면 무작정 들어갔습니다. 혹시 사람 구하시면 연락을 달라며 핸드폰 번호를 드리고 나오는 거죠. 물론 들어가기까지 떨리는 마음을 진정시키며 돌아다녀야 했습니다. 가끔은, "여기 아무나 일할 수 있는 데가 아니야" 하는 사기를 꺾는 말을 들을 때도 있었지만 괜찮았습니다. 어딘가 한 곳이라도 연락이 오면 좋겠다는 목표가 있어 즐거웠으니까요.

카페라는 공간이 좋아서, '카페 사전'이 되고 싶었습니다. 광고학도에게는 무언가를 깊게 파는 일이 필수였는데 그때의 저는 카페를 깊게 파고 있었습니다. 친구를 만나 식사를 한 뒤에는 언제나 저의 질문이 뒤따랐습니다. 커피가 맛있는 카페가 좋은지, 저렴하고 편안한 카페가 좋은지, 디저트 맛집이 좋은지, 인테리어가 멋진 카페가 좋은지 등 친구의 취향을 물어보고 오랜 시간 공간을 지켜온 곳부터 새로 생긴 곳까지 친구들에게 선택지를 제시했습니다.

친구들이 카페 추천을 부탁하면 그렇게 기분이 좋았습니다. 많은 카페를 다니다 보니 점점 선호하는 인테리어와 아닌 인테리어가 보이기 시작했습니다. 새하얗고 깔끔하고 딱딱하고 미래지향적(?)인 인테리어보다 오랜 시간이 느껴지는 나무 소재의 자연스러운 공간이 좋았습니다.

이렇게 카페에 푹 빠져 있다가 작고 귀여운 한 로스터리 카페에서 일하게 됩니다(뒤에 나오는 신도림의 'C카페'죠). 막상 카페에서 일해보니 예쁜 공간에서 일한다는 즐거움만이 일의 전부가 아니었습니다. 제가 만들고 서빙을 하는 음료에 대한 이해와 공부가 필요했습니다.

사장님이 만든 커피를 제가 서빙을 하면 "커피가 맛이 없는 것 같아요. 예전이랑 맛이 달라진 것 같아" 하는 피드백을 종종 받았습니다. 그런데 제가 커피를 내리고 사장님이 가져다드리면 "커피가 너무 맛있어요~" 하는 피드백을 듣는 날도 있었습니다. 그때 깨달았죠. 커피의 맛이 전부가 아니구나. 똑같은 커피라도 사장님이나 전문적으로 보이는 사람이 내리면 왠지 더 맛있게 느껴지는 손님들의 심리를 말입니다.

하루는 열등감에 불을 붙이는 사건이 발생했습니다. 한 단골손님이 오셔서 '에스프레소 도피오'를 주문했습니다. 이제 막 카페에서 일하기 시작한 저는 '도피오'라는 단어를 처음 들었습니다. 당황한 저 대신 사장님께서 주문을 받으면서 저에게 핀잔을 주었습니다. 도피오는 이탈리아 말로 '더블샷'이라는 뜻입니다. 커피와 관련해 간단한 용어도 모르니 답답하셨던 거죠. 이날의 이 사건이 자극이 되어 저는 바리스타 자격증을 따게 됩니다.

커피 용어, 산지 등을 공부했고 가게 메뉴 설명을 자신 있게 할 수 있을 정도로 외우고 일하기 시작했습니다. 점차 저에게 커피를 추천받는 단골손님들이 생겼고 그분들을 실망시키지 않도록 최선을 다해 한 잔 한 잔 맛있는 커피로 보답했습니다.

잠시 카페 일을 쉴 때가 있었는데 그때 가장 그리웠던 건 제가 직접 내려 마시는 커피였습니다. 제가 원하는 초수에 끊어 원하는 온도로 원하는 농도에 맞춰 내려 마시는 그 커피가 가장 그리워지더라고요. 다시 필드에 돌아와서는 제가 마시는 것처럼 맛있는 커피를 제공하기 위해 최선을 다했습니다.

카페에서 일하면서 가장 신경 쓴 부분은 손님들을 생각하며 애써 만든 커피의 맛을 손님이 온전히 느끼도록 하는 것이었습니다. 그래서 손님에게 커피가 전달된 뒤에도 에프터 서비스를 하며 끝까지 맛있게 마실 수 있도록 노력했습니다. 손님이 메뉴를 주문하고 화장실에 가면 돌아올 때까지 기다렸다가 커피를 내렸습니다. 카페라테를 뜨겁게 해달라고 하면 우유의 풍미가 사라지는데 괜찮은지 한 번 더 물어보았습니다. 혼자서 커피 두 잔을 주문하는 분에게는 한 잔은 일행 분이 도착하면 드릴지 미리 체크했습니다. 커피 서빙을 하고 나서도 책을 읽거나 스마트폰을 하다가 한참을 마시지 않는 손님들이 계시면 슬쩍 가서 얼음 녹기 전에 드시라고 권하기도 했습니다.

일하는 동안에 제가 내리는 커피에 지대한 관심을 두고 한 사람 한 사람이 맛있게 마시도록 손님에게 마지막 순간까지 애쓰는 것, 저뿐만 아니라 그런 사람이 내린 커피가 누군가에게 바로 인생 커피가 될 수 있지 않을까 싶습니다.

개인 카페로 살아남는 생존법이 있을까

집 앞 빵집 알바 이후, 대학생 시절 내내 그리고 취업하기 직전까지 7년간 카페에서 일했습니다. 제대로 커피 일을 시작한 건 신도림역 근처 작디작은 로스터리 C카페에서였습니다.

아침 7시에 문을 열고 새벽 1시까지 영업을 하는 카페는 사장님이 문을 열고, 중간 피크타임에 저와 사장님이 함께 일을 하다가, 제가 먼저 밤 12시에 퇴근을 하면 사장님이 마저 새벽 1시까지 가게를 지키던 아주 치열한 곳이었습니다. 중간에 잠시 한가한 시간이 오면 사장님은 작은 가게 안쪽 모퉁이에 있는 스툴에 앉아 벽에 기대어 입까지 벌리고 꿈뻑꿈뻑 졸기 일쑤였습니다.

혼자 가게를 볼 실력이 되었을 때, 사장님께 차에서라도 잠시 쉬다 오시라는 말을 자주 했습니다. 진심으로 사장님의 건강이 걱정되었습니다. 열심히 가게를 운영하는 사장님을 볼 때면 가장의 무게를 옆에서나마 느끼며 아빠한테 괜히 미안해지기도 했습니다. 사장님이 돈을 많이 벌길 바라면서 매일매일 가게가 치열하게 바쁘길 기도했습니다.

제 바람이 아니어도, 가게는 꽤나 잘되었습니다. 8평 남짓 작은 가게였지만 사장님의 노하우가 담긴 레시피와 직접 로스팅한 신선한 커피, 손 빠른 스태프들, 저렴한 가격, 접근성 좋은 위치(지금으로부터 10여 년 전인데도 신도림역 부근 가게 월세가 400만 원이 넘었습니다) 등 나름 순항하는 듯 보였습니다. 저는 가게가 오픈한 지 2년 정도 지나 가게 앞에 신도림역으로 이어지는 에스컬레이터가 완공된 그해, 한여름에 합류했습니다. 사장님은 그해 여름부터 조금씩 바빠졌다고 했습니다. 가게가 점점 잘되면서 사장님은 더더 열심히 일을 하셨습니다.

그러다 겨울이 되자 회전율은 눈에 띄게 낮아졌고 오가며 커피를 사러 오던 사람들도 여름보다 훨씬 줄어들었습니다. 우리 가게가 있는 그 건물에만 카페가 3곳이나 있었는데 설상가상으로 가게 맞은편에 새로운 카페가 생겼습니다. 사장님의 걱정은 날로 더해졌고 밤낮없이 일만 하는 사장님을 보면서 저는 절대로 카페를 할 수 없는 사람이라고 생각했습니다.

우리 가게는 저렴하고 맛있는 커피와 메뉴들로 동네 사람들과 신도림 주변 직장인들에게 사랑받았습니다. 단골도 많아 쿠폰을 다 모아서 쓰는 분들로 자주 분주했습니다. 저도 일하지 않을 때도 우리 가게에 가서 커피를 마실 만큼 추천하고 싶은 메뉴들이 많았습니다.

이렇게 맛있는 카페로 소문난 곳이었지만, 언제나 합리적인 가격을 유지했습니다. 사장님은 생두를 구매해서 직접 로스팅하면 비용이 훨씬 저렴해진다는 걸 알고는 바로 로스팅을 배웠고, 커피가 아닌 메뉴의 부재료들도 하나부터 열까지 비용을 꼼꼼하게 따져보고 저렴하게 구입했습니다. 재료비를 낮춘 만큼 손님들에게 맛있는 커피를 합리적인 가격으로 제공하는 것이 손맛 좋은 사장님의 운영 노하우였습니다.

C카페는 신도림역에서 10년 가까이 한 자리에서 운영을 하다가 용산으로 확장 이전했습니다. 이때 대학을 졸업하고 취업 합격을 기다리기 전 두 달 정도 타이밍이 맞아 사장님의 새 가게에서 일을 했습니다. 사장님은 어느새 베이킹까지 시작했는데 손맛이 좋은 사장님의 빵 역시 맛이 좋았습니다. 베이커리에서 납품을 받는 대신 직접 만드는 이유도

역시 낮은 가격에 맛있는 빵을 판매할 수 있기 때문이었습니다.

이곳에서 일하면서 중간에 잠시 다른 카페 일을 동시에 한 적이 있습니다. 주말에는 신도림 C카페에서, 주중에는 여의도 KBS 후문 앞 D카페에서 일을 했는데요. D카페에서는 네 달 정도로 짧게 일한 것에 비하면 정말 기억에 많이 남는 곳입니다.

D카페는 그 당시에 지금도 유명한 테라로사의 원두를 사용했습니다. 지금처럼 스페셜티 커피가 대중적이지 않았을 때부터 비싸지만 맛있는 테라로사 원두를 선택한 사장님의 안목은 대단하다고 생각합니다. 사장님은 커피를 마실 때마다 "아, 맛있다. 맛있다"를 연신 외쳤고 가게의 커피가 얼마나 맛있는지 한참을 신나게 이야기했습니다. 직접 로스팅한 원두가 아님에도 자부심이 대단했던 사장님의 표정이 생생하게 떠오릅니다.

이 가게에는 디저트가 딱 한 종류 있었는데 역시 지금도 엄청나게 유명한 디저트 맛집 O제과점에서 납품을 받았습니다. 이 케이크를 납품 받기 위해 사장님의 남편 분이 끈질기게 전화하고 찾아가 설득을 했다는 사연을 듣기도 했습니다.

C카페와 D카페, 운영 방식이 전혀 다른 두 카페에서 일한 것은 제게 행운이었습니다. 한 곳은 비용을 절감해 손님들에게 조금이라도 더 합리적인 가격으로 맛있는 커피와 디저트를 제공하는 것에 열심인 곳이고, 다른 한 곳은 조금 비싸더라도 확실하게 보장된 질 좋은 상품을 제공하는 것을 잘하는 곳이었습니다. 두 곳 모두 손님들의 애정을 많이 받는 카페였습니다. 두 카페의 성공 사례를 보며 카페 운영 방식은 자신만의 방법들을 찾는 거라는 걸 크게 배웠습니다.

커피로 세상을 이롭게 하는 일을 하고 싶어

열심히 일하면 일할수록 조금 더 나은 세상을 만들 수 있는 직업을 갖고 싶었습니다. 광고학과 입학과 동시에, 공익광고를 만들겠다는 힘찬 포부를 품었죠.

그러다 윤호섭 교수님 수업을 듣게 되었습니다. '그린 디자이너'라는 직함을 처음 갖게 된 분이자 서울88올림픽 디자인전문위원회로도 활동한 1세대 디자이너였죠. 교수님은 상업광고가 얼마나 환경에 악영향을 미치는지 광고 현장에서 직접 목격하고, 이를 개선하기 위해 집에서 냉장고를 쓰지 않는다거나 전기 사용을 하지 않는 등 과감한 환경 캠페인을 하고 있었습니다.

어렸을 때부터 휴지 한 장, 물 한 방울도 아껴 쓰는 집안 분위기 속에서 자란데다가, 환경 감수성이 풍부했던 저는 교수님의 강의를 듣고 가슴에서 무언가 끓어올랐습니다. 그 뒤로 텀블러와 손수건을 챙겨 다니는 등 제가 할 수 있는 실천을 시작했습니다.

어느새 졸업반이 되어 환경 혹은 공익 관련 사회적 기업 취업을 준비하던 2014년 말, 2015년 초쯤이었습니다. 소비자들의 발걸음이 스타벅스 같은 프랜차이즈 카페에서 개성 넘치는 개인 카페로 옮겨가던 시기, 일회용 플라스틱 컵에 종이컵을 포개어 홀더로 쓰는 가게들이 유행처럼 생겼습니다. 또 일회용컵을 매장 안에서 사용하는 가게들도 우후죽순 생겨났습니다. 저는 한 번 쓰고 버려지는 새것 같은 플라스틱 컵들이 너무 아까웠습니다.

브랜딩을 한다는 이유로 가게 로고를 인쇄한 일회용컵을 컵 홀더 대신 사용하면서 멀쩡한 컵 하나를 더 버리는 것으로도 모자라, 매장 내에서는 로고가 새겨진 잔을 얼마든지 사용할 수도 있을 텐데 기어이 일회용컵으로 대신하는 행태들은 정말 화가 나는 일이었습니다. 혼자라도 그런 가게들을 보이콧했지만 그것만으로는 부족했습니다.

사람들은 흔히 '환경 문제에 관심이 있다'라고 하면 과격한 캠페인이나 맹렬히 누군가와 맞서 싸우고 있는 뉴스 속 환경운동가들을 떠올리는 것 같았습니다. 환경을 위해 어떤 일을 한다고 하면 조금 유난이라고도 하고요. 누군가에게

나처럼 하라고 강요하는 건 저도 싫었습니다. 지구를 위해 하는 행동이라고 할지라도, 행동을 강요하는 게 맞을까? 그보다 광고처럼 사람들을 현혹시킬 수 있는 걸 만들어서 자신도 모르게 행동할 수 있도록 하면 좋겠다고 생각했죠.

광고의 정의를 살펴보면 '메시지를 매체를 통해 전달하는 일련의 행위'입니다. 환경에 마음을 쓰며 동시에 커피를 좋아했던 저는 커피를 통해서 환경 메시지를 전달하고자 '어스어스(for earth for us: 줄여서 earth us, 지구를 위하는 일이 우리를 위하는 일이다)'라는 이름으로 유튜브, 블로그 그리고 인스타그램을 만들어 운영했습니다. 전공 과목 중 브랜드 네이밍 수업을 통해 직접 만든 이름이었습니다(어스어스는 2017년에 카페를 창업하면서 '얼스어스'로 표기가 바뀝니다).

일회용컵을 두 개씩 겹쳐 쓰는 카페들이 많아지는 상황에서, 커피 제조 영상을 올리면서 다회용잔에 예쁘게 담아 마시자는 메시지를 전했습니다. 예쁜 잔에 커피를 내어주는 카페를 소개했습니다. 새로 생겼거나 평소에 가고 싶던 카페들을 발 빠르게 방문해 메뉴를 먹고 추천도 하고 공간도 보여주는 콘텐츠를 올렸습니다. 언제나 말미에는 이 카페처럼 그릇이나 커피 잔에 예쁘게 담아 음식과 음료를 먹으면 보기에도 좋고 환경에도 좋다는 메시지를 함께 전달했습니다.

소비자들의 니즈가 많아지면 자연스럽게 카페가 스스로 바뀔 수 있다고 생각했습니다. 어디서든 일회용컵이 아니라 예쁜 잔에 담긴 커피를 마시고 싶어 하는 소비자들의 니즈가 많아지길 바랐습니다. 이 피드의 취지에 공감하고 좋아해주는 팔로워가 어느새 1,000명 정도 되었습니다.

홈카페 바리스타의 탄생

기후위기로 많은 커피 농경지가 사라져가 2050년 즈음에는 커피가 한 잔에 5만 원이 넘는 사치품이 될 거라는 기사를 봤습니다. 마치 명품처럼 경제적 여유가 되는 사람들만 향유할 수 있는 문화가 될 거라고요. 그때 처음으로 커피를 통해 환경 문제를 이야기하고 싶다는 생각을 했습니다.

졸업과 동시에 전공을 살려 광고회사에 광고기획 인턴으로 취직을 했습니다. 어느 날 회사 사수 분이 저에게 어떤 주제라도 좋으니 회사 페이스북 페이지용 꿀팁 콘텐츠를 만들어보라고 했습니다. 알바 첫 월급으로 구입한 가정용 커피머신으로 매일 집에서 커피를 내려 마시던 저는 단번에 카페 알바 경험으로 배운 맛있는 음료 제조법을 떠올렸습니다. 집에서 손쉽게 만들 수 있는 카페 음료 레시피 콘텐츠를 소개하자 반응이 꽤나 좋았습니다.

회사 업무용 이미지를 위해 매일 집에서 마시던 음료 제조 과정을 영상으로 담기 시작했습니다. 그러다 너무 맛있어 보이는 영상 하나를 개인 계정 어스어스 인스타그램에도 올렸습니다. 일회용컵 말고 다회용잔에 담아 마시자는 의미를 담아서요.

뜻밖에 집에서 만드는 커피 음료 영상 하나에 처음으로 댓글 수십 개가 달리고 좋아요가 100개를 넘겼습니다. 너무 신이 나서 그 뒤로 어스어스에 매일 하나씩 커피 만드는 영상을 올리기 시작했습니다. 눈으로 함께 커피를 마셔준 많은 분들과의 의리 그리고 제가 담은 환경 메시지를 알아봐주는 소수의 팔로워 분들과의 의리로 힘든 줄도 몰랐습니다. 주 5일 단 하루도 빠지지 않고 매일같이 영상을 올렸더니 반응이 점점 더 오르기 시작했습니다.

그렇게 영상을 올리기 시작한 지 한 달 정도 흘렀을까요, 2017년 4월의 어느 날, 아침부터 단 게 먹고 싶어 카페모카 영상을 올렸습니다. 에스프레소에 초코를 섞어 아주 진한 색감을 만들고, 얼음과 우유가 담긴 유리잔에 천천히 부었습니다. 에스프레소는 얼음 층을 타고 잔 표면에 천연 대리석 마블처럼 너무나 아름다운 문양을 그리며 바닥으로 흘러내렸습니다. 누군가의 의도가 아니라 스스로 중력을 받아

나타난 자연스러운 모양과 에스프레소와 우유의 색감이 지금 제가 봐도 설렙니다.

그 영상이 히트를 쳤습니다. 하루아침에 2,000명 정도 팔로워가 늘었고 좋아요와 조회수가 처음으로 어마어마한 숫자를 기록했습니다. 팔로워 1,000명 남짓에서 7,000명을 순식간에 돌파했습니다. 그 영상을 기점으로 팔로워 7,000에서 3개월 만인 2017년 7월, 2만이 넘었고요. 제가 만든 음료를 소개하는 피드마다 너도나도 맛보고 싶다는 댓글이 수십 개가 달렸습니다.

저에게 어느새 '홈카페 바리스타'라는 수식어가 붙었고 집에서 즐기는 음료나 베이킹 제조 영상이 '홈카페'라는 말과 함께 유행하기 시작했습니다. 우리나라뿐만 아니라 해외에서도 음료 제조 영상을 퍼 나르며 한때 엄청난 유행이 되었습니다. 소비자에게 먼저 예쁜 잔에 담아 마시는 니즈가 생겨 카페 사장님들이 어쩔 수 없이 다회용잔을 사용하게 되는 선순환이 만들어지면 좋겠다고 생각한 대로였습니다. 사람들이 너도나도 예쁜 잔에 커피를 담아 마시는 사진과 영상을 올리기 시작했고, 저와 같이 레시피 영상을 업로드하던 인스타그래머들이 하나둘 스마트스토어를 시작하거나 브랜드를 갖는 등 변화하는 모습을 목격했습니다.

'내가 만드는 콘텐츠에 이렇게나 많은 사람들이 반응해주다니. 그렇다면 온라인이 아니라 직접 카페를 열어 커피를 통해 메시지를 전하면 반응하는 사람들이 생기지 않을까?'

그때 생각했습니다. 열심히 일하면 일할수록 조금 더 나은 세상이 되는 직업을 가질 수 있을 것 같다고. 이와 같은 확신이 선 뒤, 퇴사 의사를 회사에 알렸습니다. 인턴으로 일한 지 5개월쯤 되었을 때였습니다.

퇴사를 한 달 앞둔 시점부터는 카페 소개보다는 집에서 그간 모아둔 잔에 커피를 만드는 1분짜리 영상을 찍어 올렸습니다. 캠페인처럼 보이고 싶지 않아서 본문 내용에는 커피가 맛있다거나 날씨가 좋다는 등의 일상적인 이야기를 나누었고 해시태그(#자연 #환경 #일회용컵×)를 통해 지구를 생각하자는 메시지가 소박하게나마 전달되길 바랐습니다.

첫 사회생활을 시작한 광고회사 생활은 업무도 재밌고 같이 일하는 사람들도 좋았지만, 방향성이 맞지 않아 고민이 깊던 즈음이었습니다. 당시 월급이 최저임금 기준으로 130만 원 남짓했지만 그 돈으로 저 하나 생활하는데 부족함이 없었으니 가게를 창업해 하루 매출이 10만 원만 나와도 괜찮다고 생각했습니다. 돈을 많이 버는 게 인생의 목표가 아니었기 때문에 마이너스는 되지 않을 것이라는 단순한 판단이었죠. 당분간 급여가 없어도 월세 밀리지 않고 이자를 낼 수 있는 정도의 매출만 나와도 될 거라는, 무지에서 나오는 용감함이었습니다.

카페로 2년을 넘길 수 있을까

카페를 하겠다고 처음 마음먹었을 때는 7년 동안이나 저의 직업이 되리라 전혀 예상하지 못했습니다. 제가 알고 있던 카페만 해도 보통 2년을 넘기지 못하고 폐업하는 가게들이 대부분이었습니다. 몇 년 뒤에 얼스어스가 문 닫을 확률이 매우 높다고 생각하면서도 이후의 일은 그때 생각하자는 마음으로 당장 계약기간 2년을 어떻게 버틸 수 있을지만 집중했습니다. 오랜 시간 일했던 로스터리 카페 사장님도 하루 18시간씩 열심히 일하며 버티는 걸 지켜봤기 때문에, 소위 대박이 날 거라는 일말의 기대는 전혀 하지 않았습니다.

회사를 그만두고 카페를 하겠다는 제 말에 엄마는 앓아누웠습니다. 엄마는 평생 장사만 하셨던 할아버지가 장사가 안 될 때는 머리가 새하얗게 샐 정도로 걱정이 많으셨다고 했습니다. 할아버지께서 갑자기 돌아가신 이유가 스트레스 때문일 거라고 엄마는 짐작했습니다. 이후 할머니 혼자 반찬가게를 하며 생계를 이으셨는데 그 모습을 오랜 시간 지켜본 엄마는 장사꾼에게는 절대 시집가지 않겠노라 다짐 또 다짐을 했다고요.

세무회사의 착실한 직원이었던 아빠를 만난 엄마는 회사원이라는 조건이 마음에 들어 결혼을 했습니다. 10년 정도 지났을 때 아빠는 회사를 나와 자기 사업체를 꾸렸습니다. 엄마는 하루하루 마음을 졸이며 살아가는 자영업자의 아내가 되었고, 싫지만 어쩔 수 없다 받아들여야 했습니다. 자식들도 다 키우고 막내인 제가 졸업 후 멀쩡한 광고회사에 취업하자, 엄마는 마침내 자유라고 생각했는데 돌연 제가 자영업을 하겠다며 부모님과 상의도 없이 사표를 낸 상황을 맞닥뜨린 겁니다. 이런 상황에서 저를 적극적으로 믿어주는 아빠와도 대판 싸운 엄마는 안방에 드러누웠습니다.

"제발 좀 평범하게 살아."

이 말을 마지막으로 며칠간 엄마는 입을 꾹 닫으셨습니다. 그런데 엄마의 반대에도 전 멈출 수가 없었습니다. 다만 엄마의 반대는 저에게 절대 실패하면 안 된다는 긴장감을 주었습니다. 낙천적이고 대책 없이 뛰어드는 행동파인 저는 늘 큰 계획 없이 일단 일을 시작하는 경우가 많았습니다. 사업을 막 시작하려던 때 엄마의 무시무시한 경고가 없었더라면, 세상을 좀 더 만만하게 보지 않았을까요.

'사업이란 대체 얼마나 무시무시한 걸까?'

떨리는 마음으로 제 인생 첫 가게를 준비했습니다.

정말 다행히도 얼스어스는 오픈하자마자 그해 연남동에서 대기 줄이 가장 긴 카페가 되었습니다.

마 음 에 오 래 담 아 둔 카 페 3

카페를 하기 이전부터 카페라는 공간을 좋아했던 저의 눈에 쏙 들어온 카페들을 소개합니다. 평소에 눈에 띄는 카페들은 SNS를 팔로우하거나 별표를 표시해두었다가 찾아가곤 합니다. 오랫동안 지켜보다가 드디어 공간에 들어설 때 느꼈던 반가움과 좋음은 얼스어스를 찾는 손님들에게도 전하고 싶은 기분입니다.

• 네살차이 부산 동구 중앙대로 447-1

2016년 8월에 문을 열고 지금까지 부산에 자리하고 있는 네살차이. 인스타그램을 통해 서울에서 본 적 없는 새로운 느낌의 카페를 보고 휘둥그레졌습니다. 언젠가 꼭 가고 싶어 인스타그램을 팔로우하고 부산 카페 하면 네살차이가 가장 먼저 생각이 날 만큼 오랫동안 인상 깊게 지켜보았습니다.

사장님 부부가 네 살 차이가 난다고 하여 카페 이름도 네살차이, 이름만 들어도 주인장의 스토리가 담겨 있는 곳입니다. 사진으로만 보던 이곳은 주방 공간을 둘러싼 곡선형 가벽에 난 작고 네모난 창을 통해 주방의 일부만 보였는데 계속 훔쳐보고 싶은 곳이었습니다. 가끔 주방 안쪽, 사장님들만 볼 수 있는 부엌 공간 사진이 올라왔는데, 그간 한국에서는 보지 못했던 소담하고 담백한 공간이었습니다. 마치 일본에서 오래도록 사랑받는 사랑방 같은 카페랄까요? 두 손가락으로 양 옆으로 몇 번이고 밀며 확대해서 볼 만큼 시선을 사로잡는 공간이었습니다.

한번은 네살차이 인스타그램을 보다가 아웃도어 브랜드 노스페이스 바이럴 광고 소식을 접했습니다. 당시에는 '인플루언서'라는 개념도, 작은 가게도 브랜드가 될 수 있다는 인식도 전혀 없던 때라, 부산 민락동(지금은 좌천동으로 이사했습니다)의 이 작은 카페가 엄청나게 핫한 아웃도어 브랜드 광고를 찍는다는 게 놀라울 따름이었습니다.

지대한 관심이 애정으로 바뀐 건 얼스어스를 시작하면서부터였습니다. 여느 때처럼 피드를 보는데 네살차이에서 메뉴 '단밤오레'의 밤페이스트를 직접 만든다는 소식이 올라왔습니다. 제가 가게 운영을 시작하면서 디저트 납품을 받으려다 여러 현실적인 문제로 직접 만든 게 지금의 얼스케이크입니다. 혼자 카페를 운영하면서 디저트를 직접 만들어보니 여간 힘든 일이 아니었습니다.

그런데 네살차이는 원두를 직접 볶고, 음료 위에 올라가는 샤베트, 제일 유명한 식빵 세트에 함께 제공되는 단팥소와 버터 역시 직접 만드는 카페입니다. 음료나 디저트 할 거 없이 거의 모든 메뉴의 기본 재료들까지 손수 만듭니다.

프로페셔널을 넘어선 장인정신…! 이때부터였습니다. 제 마음 속 깊이 카페 네살차이를 담아둔 것이요.

2018년에 가게 정기 휴무에 하루를 더해 1박 2일로 부산을 다녀왔습니다. 부산에 도착하자마자 달려간 곳이 바로 네살차이였습니다. 정말 연예인을 보는 듯한 기분으로 하얗고 하얀 가게에 들어섰습니다. 부담스럽지 않게 거리를 둔 서비스로 손님을 맞이하는 남자 사장님이 먼저 보였고 그토록 궁금했던 가벽에 조그맣게 뚫린 네모난 구멍을 통해 여자 사장님의 모습이 보였습니다.

커피를 마시고 다시 한 잔 리필하면서 슬쩍 카운터로 가서 남자 사장님께, 정말 오고 싶었다는 짧지만 강한 팬심을 전하고 돌아왔습니다. 훗날 1년 동안 얼스어스 부산점을 운영하게 되면서 잠시 부산에 거주하게 되었습니다. 낯선 도시에 살면서도 카페 네살차이에 오고 싶을 때마다 올 수 있다는 사실 하나가 혼자 먼 곳에 떨어져 있는 고독함을 채워주는 유일한 위로이기도 했습니다.

• **그곶(현재는 로스터리 묵음)** 제주시 한림읍 한림로 214

2013년에 문을 연 제주도 카페 그곶. 그곶은 2013~2021년까지의 이름으로, 지금은 묵음이라는 공간으로 재오픈했습니다. 이곳을 알게 된 건 순전히 우연이었습니다. 대학 시절 학교 수업을 F가 나오지 않을 정도로 2주만 무단 결석을 하고 제주도에 내려가 게스트하우스 스태프 일을 한 적이 있습니다. 쉬는 시간이 생길 때마다 걷거나 버스로 이동하며 카페 구경을 하는 게 낙이었습니다. 하루는 구석구석 아기자기하고 제주도다운 자연스러운 상점들이 즐비한 금능을 돌아다녔습니다. 그러다 한 곳에서 발걸음을 멈추었는데 바로 카페 그곶이었습니다.

얼스어스의 케이크 이름을 보면 알 수 있듯이, 저는 언어 유희를 참 좋아합니다. 이 가게의 간판을 보고 지나칠 수 없었습니다. 가게 문이나 유리 너머로 보이는 내부의 바이브가 어떤 곳일지 궁금증이 폭발했습니다. 그곶은 저녁 7시 30분이면 문을 닫았습니다. 아침 7시부터 새벽 1시까지 문을 열어두는 C카페에서 일했던 저에게는 충격적인 영업시간이었죠. 마침 카페 휴무라서 아쉬운 마음에, 가게에 대해 검색해보기 시작했습니다. 이곳저곳의 '곳'과 동음이의어인 곶은 '바다로 뾰족하게 내민 육지의 끝'이라는 뜻이라니. 엄청나다! 뭔가 대단하다고 느껴질 정도로 좋았습니다. 가게의 익스테리어와 무심한 듯하지만 시선을 끄는 간판과 내부 공간들까지 더해져 정말 멋진 곳이었습니다.

게스트하우스 스태프를 하면서는 근무 시간과 휴무일이 맞지 않아 한 번도 들러보지 못해 아쉬움이 진했는데, 가게를 운영하고도 한참 후인 2020년에 드디어 방문했습니다. 위치를 바꾼 한림 그곳으로 향했습니다.(당시에는 마당이 있는 2층 주택이었고, 2022년 3월 '로스터리 묵음'으로 새로운 공간에서 재오픈했습니다)

알게 된 지 참 오래된 카페를 처음 방문하는 날엔 정말 떨립니다. 외할머니 댁과 꼭 닮은 주택 공간을 카페로 만들었는데 들어가자마자 보인 건 책장이었습니다. 소파와 테이블이 있던 공간 뒷벽에 아주 커다란, 지금은 쉽게 볼 수 없지만 그 옛날 구옥에는 심심치 않게 있을 법한 책장이 있었습니다. 이 책장의 주인은 사장님 어머니라고 했습니다. 그리고 방 안으로 들어가니 창 밖에 제주의 싱그런 밭이 보였고 그 앞과 옆에 책상이 놓여 있었습니다. 작업하기 좋은 모양의 테이블들. 실제로 카페를 찾는 많은 분들이 조용히 작업을 하거나 책을 읽으며 공간을 채우고 있었습니다. 굉장히 조용한 이 공간에 있는 모두가 무음지향적이어서 그런지 훌리하다는 인상까지 받았습니다.

테이블에 놓인 메뉴판에는 놀라운 이야기가 적혀 있었습니다. 모든 매체에 이곳을 광고하지 말아달라는 당부였습니다. 조용한 곳으로 머물고 싶다는 주인장의 신념. 그리고 마지막엔 적당한 거리에서 친절하게 서빙을 하겠다는 가게의 방향성이 묻어나는 말도 적혀 있었습니다.

이윽고 주문한 커피와 샐러드 한 접시가 나왔습니다. 샐러드에는 유자드레싱과 리코타 치즈가 듬뿍 있었는데 시중에서는 찾아보기 어려운 맛이었습니다. 알고 보니 샐러드와 함께 제공되는 치아바타와 드레싱, 리코타 치즈 그리고 당연하게도 원두까지 모두 카페에서 직접 만들고 있었습니다.

어쩔 수 없이, 저는 또 다시 이곳을 마음 깊이 담아둘 수밖에 없었습니다.

• **이너프 커피** 부산 부산진구 서전로37번길 26

많은 분들이 브런치 카페로 알고 있는 부산 서면 이너프 커피를 정말 좋아합니다. 이너프는 'in our food'의 줄임말로 영어로는 'inouf'라고 씁니다. 줄임말부터 너무 신박한 이 카페는 작은 공간을 자매 두 분이서 하나부터 열까지 열심히 가꿉니다. 인스타를 보면 큰 전신거울 앞에서 찍은 두 분의 사진, 휴가 때 호주 여행지에서 맛본 맛있는 원두를 사 와서 가게 손님들과 함께 나누는 모습 등이 보기 좋았습니다. 서울에 있는 저도 당장이라도 부산으로 뛰어가고 싶었습니다.

2016년 당시에는 하이엔드 커피 머신을 쓰는 곳이 많지 않았는데 이너프는 이름만 들어도 웅장한 라마르조코 gb5라는 머신을 사용하고 있었습니다. 브런치 카페에 라마르조코라니…! 매우 흥미로웠습니다.

이곳을 처음 방문한 건 부산살이를 시작하면서였습니다. 얼스어스 부산점 오픈을 마치고 몇 개월 만에 휴식 차 부산의 중심가인 서면으로 향했습니다. 괜히 긴장된 마음으로 가게에 들어가 커피를 한 잔 주문했습니다. 이곳에서만 파는 숏맥으로요. 호주에서는 '피콜로'라고도 불리는데 우리나라에서 판매하는 플랫화이트와 비슷하게 우유가 들어간 진한 커피입니다. 카페라테보다 우유 양이 적고 에스프레소가 아닌 리스트레토(대략 30초 동안 30ml를 추출하는 에스프레소보다 짧거나 적게 추출한 샷)를 사용해 우유와 커피 총량이 70~80ml 내외인 진한 커피입니다. 이렇게 적은 양의 커피임에도 바디감만 느껴지고 쓴맛이나 부정적인 뉘앙스가 하나도 없습니다. 정말 대단한 건 커피 담당인 동생 분이 항상 일정한 퀄리티의 커피 추출과 라테아트를 제공합니다. 그래서 한결같아 좋다는 느낌을 이 카페에서 처음 받았던 것 같습니다.

당시 살던 부산 집에서 가까워 자주 방문했는데 갈 때마다 끝내주게 맛있는 숏맥을 먹곤 했습니다. 숏맥은 따뜻한 커피만 가능했는데 아무리 무더운 날에도 꼭 이 따뜻한 숏맥을 먹어야만 했습니다. 이곳에서 사용하는 유명한 원두 판매처의 본점에 가서 커피를 마셨을 때도 이만큼의 감흥이 오지 않아 더 신기하기도 했습니다.

어느 날엔 숏맥과 함께 이곳에서 직접 만든 그래놀라와 요거트, 제철과일이 올라간 그래놀라볼을 주문했습니다. 한입에 정말 맛있었어요. 그 이후부터는 이곳에 가면 그래놀라볼과 숏맥을 먹습니다. 단 한 번도 달라지지 않고요.

지인들이 부산 커피 맛집을 추천해달라고 하면 늘 이너프를 먼저 추천합니다. 다들 만족하는 모습에 항상 뿌듯해집니다.

세 카페 모두 단연코 맛있습니다. 대기 손님이 없으면 자연스럽게 오래도록 앉아 있다가 나오곤 합니다. 친구와 함께 가도 좋고 혼자 가도 이런저런 생각 정리를 하고 오기 좋은 곳이어서요. 사장님들이 모두 손님에게 적극적인 친절을 베풀지는 않는데 그 적당한 거리감이 좋습니다(하지만 얼스어스의 저는 선을 넘고 다가가는 편이죠…).

하나같이 존경스러운 점은 가게에서 판매하는 커피나 디저트, 음식을 모두 직접 만든다는 사실입니다. 화려한 유행 메뉴 없이 꾸준히 10년 가까이 혹은 그 이상으로 묵묵히 자신의 손으로 가게를 가꾸고 메뉴를 만드는 모습이 정말 대단합니다.

가게를 운영하는 입장에서 다른 카페들을 보다 보면 사장님 자신의 인건비는 가게 운영비용으로 반영하지 않는 곳들이 보입니다. 그 정성과 시간을 담은 곳이라서 그런지, 더 응원하고 싶고 오래 두고 보고 싶습니다.

2

earth us

세상에 없던 브랜드 제로 웨이스트 카페를 열다

무포장 카페를 열자는 결심

친환경 카페라면 어떤 형태여야 할까? 나와 비슷한 생각을 한 사람이 이미 있지 않을까?

카페를 열기로 결심한 이후 '무포장 가게' '친환경 카페' 등 상상할 수 있는 모든 키워드를 한국어뿐 아니라 영어로도 샅샅이 검색했습니다. 세계 곳곳의 정보를 검색하는 일 정도는 자신 있었는데 놀랍게도 어떤 해답의 실마리도 찾을 수 없었습니다. 2017년 당시까지만 해도 친환경이라는 개념도 충분하지 않았고 특히 카페 분야에서는 이렇다 할 작은 정보도 찾을 수 없었습니다.

'설마… 세상에 이런 카페가 없는 건 아니겠지?

…그래, 세상에 없는 카페를 만들어 세상을 한 번 놀라게 해보자!'

저는 벤치마킹을 포기했습니다. 그리고 제 손으로 아예 일회용품을 사용하지 않는 꽤나 파격적인 카페를 열게 되었습니다.

저희 얼스어스에 입장한 손님이 처음부터 이곳이 친환경 카페라는 정보를 얻기란 쉽지 않습니다. 가게 안 그 어디에도 캠페인 성격이 강한 문구를 적어두거나 손님에게 친환경 메시지를 전달하기 위한 행동을 하지 않기 때문입니다.

우리는 우리로서 존재했습니다. 별도의 포장용기가 준비되어 있지 않기 때문에 포장은 불가능했고, 빨대가 필요하지 않도록 와인 잔에 아이스 커피를 담아 제공했습니다. 크림이 올라가는 음료는 높이가 낮은 온더록스 잔에 담아 스푼으로도 불편 없이 먹을 수 있도록 했습니다. 편안한 시간을 보내던 손님이 빨대나 티슈를 찾으면 스태프는 아주 자연스러운 표정으로 "저희가 일회용품을 사용하지 않는 카페라서 빨대 대신 스푼, 티슈 대신 손수건을 준비해두었습니다"라고 안내합니다(2024년부터는 스테인리스 빨대를 준비해두었습니다).

손님은 그제야 여기서 머무는 동안 일회용품을 하나도 사용하지 않았음을 깨닫습니다. 그럼에도 '크게 불편하지 않네' 하고 자연스럽게 느끼도록 만들고자 합니다. 얼스어스에 머무르는 동안 편안한 시간이 되도록 의도했습니다. 이처럼 자연스럽게 얼스어스의 메시지를 전달하는 법은 얼스어스의 접객 원칙이 되었습니다.

상권보다 우리 브랜드에 어울리는 곳을 찾자

지금까지 가게를 네 번이나 오픈하면서 단 한 번도 상권 분석이란 걸 해본 적이 없습니다. 정말 너무 놀랍지 않은가요. 오히려 건물 주변에 아무것도 없는 한적한 곳, 상업 공간이 아닌 지역에 눈길이 한 번 더 갔던 게 저의 일관적인 취향이 아닐까 합니다.

한눈에 반한 아늑한 공간 연남점

연남 1호점 공간을 처음 본 날은 카페를 하겠다고 마음을 먹고 회사를 그만둔 지 얼마 안 된 2017년 8월이었습니다. 친구들과 아기자기하고 개성 강한 가게들이 많은 연남동에서 자주 만났습니다.

지금의 연남동은 크게 세 갈래로 나뉘는데요. 홍대입구역 3번 출구를 나오자마자 펼쳐지는 연트럴파크와 핫 플레이스의 중심이었던 동진시장에서 시작되는 미로길, 그리고 얼스어스가 있는 세모길로 나뉩니다. 2017년 당시에는 연트럴파크와 미로길 정도가 있었고 지금의 세모길은 2019년 이후에 이름이 붙여졌습니다.

사람이 많고 가게도 즐비한 곳보다 저는 한적한 곳이 참 좋았습니다. 작은 가게들이 많은 동네이면서도 '여기도 연남동이야?' 할 정도로 꽤 큰 상권입니다. 그런 곳들을 구석구석 친구와 많이 걸어 다녔습니다.

그러다 우연히 아주 예쁜 단독주택 건물을 하나 만났습니다. 그곳에 붙은 '임대'를 보고 저도 모르게 그 공간으로 향했습니다. 단독주택 측면에 위치한 반지층 차고 자리였습니다. 한창 철거공사 중이라 먼지가 이는 걸 꾹 참고 인부 분들 사이사이로 공간을 계속 구경했습니다. 그리고 공간에 붙어 있던 부동산 중개인 연락처로 연락을 했습니다.

한여름에 만난 공간이지만 건물주의 허락이 떨어지지 않아 9월 말까지 기다려야 했습니다. 계약이 확실하지 않은 상태에서도 저는 몇 번이고 그 공간을 찾아갔습니다. 밤낮으로 가고 또 가서 넋을 놓고 한참 바라보다 돌아오곤 했습니다. 물론 이곳의 유동 인구나 타깃 인구 등을 분석하러 간 건 아니었습니다. 어떤 분위기를 담을 수 있을까, 어떤 가게가 될 수 있을까 상상하며 이 공간을 향한 마음을 크게 키우고 있었습니다.

지금도 운행하는 05번 마을버스는 홍대입구역 2번 출구에서 출발해 얼스어스를 잇습니다. 당시에는 가게 인근 주민들만 이용하던 버스였기 때문에 아무도 없는 정류장을 버스가 그냥 지나갈 때도 많았고 사람들이 몰려봤자 서너 명 정도였습니다. 또 가게 주변은 공사 중인 건물들이 많아 인부 분들만 오갈 뿐 유동 인구라고 딱히 말할 수 있는 상황도 아니었습니다. 가게 대각선으로 맞은편에는 30년 된 서민마트가 하나 있었는데 그게 이 구역의 랜드마크였습니다.

그럼에도 저는 고요하고 한적한 이 공간과 주변 분위기가 좋았습니다. 제가 꾸리게 될 카페라면 네모반듯하고 다 똑같아 보이는 공간보다 무언가 하나쯤은 재밌는 포인트가 있으면 좋겠다고 막연히 상상했습니다. 무엇보다도 너무 세련되지 않고 약간 낡은 공간이면 더 좋다고도요.

카페를 열 공간을 부모님께도 보여드렸던 날. 안쪽 공간으로 깊숙이 들어오던 아빠가 갑자기 "아!" 하고 외마디 소리를 질렀습니다. 뒤를 돌아보니 천장에 머리를 찧었더라고요. 그동안 이곳에 열 번도 더 드나들었지만 천장이 이렇게 낮은 줄은 꿈에도 몰랐습니다. 이후에도 가게에서 일하는 스태프들 대다수가 안쪽으로 이동할 때 머리를 숙이고 다니는 것을 보고서야 그제야 깨달았습니다… 이 공간에서 느낀 기분 좋은 아늑함이 이거였구나. 아빠는 이런 단독주택 차고에서 무슨 카페를 하냐며 혀를 끌끌 찼습니다(땅을 파서 천장을 높이는 공사를 하려다 예산이 너무 비싸 포기했습니다. 오픈하고 수년 동안은 연남점에 키가 큰 손님들이 올 때마다 머리를 조심하라고 꼭 전달했습니다).

지나가다가 자연스럽게 호기심이 드는 공간이기에, 이곳에서 맛있는 커피 냄새를 솔솔 풍기며 손님들을 마주할 자신이 있었습니다. 이 공간을 보고 한남동 카페 아러바우트(r.about)를 떠올렸습니다. 단독 주택 차고를 카페로 만든 아러바우트를 보여드리려고 부모님과 함께 한남동으로 향했습니다. 저녁 시간이었지만 아러바우트에는 커피 맛을 보러 찾아온 사람들이 적지 않았고 연남동의 공간과 이곳은 안쪽 깊숙이 들어가는 공간, 낮은 층고 등 비슷한 점이 많았습니다(아러바우트는 한 차례 오래된 주택으로 이전했다가 2023년 5월 말에 폐점했습니다). 부모님께 다행히 안심을 시켜드릴 수 있었고, 거의 세 달을 기다린 끝에 건물주의 오케이 사인으로 무사히 계약을 마쳤습니다.

드넓은 바다가 보이는 얼스어스 부산점

1년 반 동안 연남동 얼스어스를 정말 열심히 운영했습니다. 여러 브랜드와 협력도 하고 여러 매체에 노출되기도 했습니다. 주변에 다양한 가게들이 생기면서 얼스어스 앞을 지나다니는 사람들이 많아졌습니다. 가게 스태프로 만난 친구들은 모두 얼스어스를 너무나 사랑해주었습니다. 하루하루 더 재밌게 운영을 하던 중에 덜컥 입점 제안을 받았습니다.

가구 편집숍 대표님과 직원 분이 가게를 찾아와 부산 쇼룸 건물 일층에 얼스어스가 F&B브랜드로 입점해주면 좋겠다고 이야기했습니다. 바다가 있는 부산에 가게를 연다는 생각을 단 한 번도 해보지 않았던 저는 갑작스런 제안에 깜짝 놀랐습니다. 대표님 지인 중 한 분이 얼스어스를 무척 좋아해 적극 추천해주셔서 여기까지 찾아오셨다는 말에, 그럼 공간이라고 보러 가겠다고 말하며 그날의 미팅을 끝냈습니다.

당시 저는 주 6일 가게 출근에, 휴무일에는 장을 보러 가거나 가게에서 쓸 손수건을 준비하는 등 매우 고단한 스케줄에 시달리고 있었습니다. 부산을 갈 하루를 비우는 것조차 힘든 일정이었지만 입점 제안이 감사하기도 하고 신기한 마음이 들어 '공간이라도 한 번 보지 뭐!' 하는 마음으로 내려갔습니다.

쇼룸은 아주 어릴 때 가족들과 함께 놀러왔던 부산 해운대 달맞이고개에 있었습니다. 이곳은 부산의 오래된 부촌으로 고급 식당이나 갤러리가 많고 관광객들도 많았다가, 당시에는 활력을 많이 잃은 상태였습니다. 해운대역 다음인 장산역에서 내려 마을버스를 타고 달맞이고개를 굽이굽이 넘어가다 중턱에서 내려 또 한참을 걷고 걸어야 건물에 도착할 수 있었습니다. 예전에 연남점을 오픈하기 전에 덜컹거리는 05번 버스를 타고는 미지의 세계를 향해가는 주인공처럼 눈을 동그랗게 뜨고 바깥을 살피다가, 가게 앞에서 내리면 어디선가 밀려오던 고요함과 비슷한 느낌이 들었습니다.

아주 예전에 대형 식당이 있던 건물은 방치한 지 오래되어 거대한 덩쿨과 수풀로 뒤덮여 있었습니다. 문 비밀번호를 누르고 조심스럽게 안으로 들어가자, 정면으로 드넓은 바다가 보였습니다. 옆으로는 관리되지 않은 초록 식물이 그대로 보이는 게 너무 좋았습니다. 한눈에 공간에 반해버린 저는 입점하겠다고 말해버렸습니다. 타지에서 일할 사람을 구하는 일, 연남점을 직원들에게 맡겨야 하는 문제 등은 생각도 하지 않은 채 무턱대고 내린 결정이었습니다.

시간이 지나 가게를 오픈할 때에는 처음 생각했던 건물 분위기와 너무 다르게 완성되어 있어 적지 않게 당황하기도 했지만, 처음으로 다른 브랜드와 협업 공간을 꾸리는 값진 경험을 했습니다. 오픈하고 보름 동안은 너무 홍보를 안 한 탓인지, 아니면 서울 기반 브랜드가 부산에 공간을 열어 관심이 덜했던 건지 아주 조용한 하루하루를 보내다 어느 순간부터 폭발적으로 손님들이 몰리기 시작하고 웨이팅이 줄을 이었습니다.

그렇게 무척 바쁜 일상을 보내다 갑자기 코로나가 시작되었습니다. 하필 초반에 대구에서 심각했던 상황이 부산과 경남까지 얼어붙게 했습니다. 모두 같은 위기 상황에서 잘 버텨보자는 마음으로 지냈습니다. 부산점은 1년 동안 운영하고 무사히 종료했습니다. 이곳에서 쓰던 빈티지 중문이 있었는데 서촌점에 고이 모셔두었다가 훗날 성수점을 오픈할 때 예쁘게 달아주었습니다.

서울이 그리웠던 마음으로 만든 얼스어스 서촌점

전 세계가 코로나로 뒤덮였습니다. 얼스어스뿐만 아니라 한국 너머 전 세계가 경기 불황에 어려운 시기였죠. 패기 밖에 없는 저는 위기를 기회로 만들겠다며 서울에 3호점을 내기로 결심합니다.

연남점을 열 때도 돈 한 푼 없었던 저는 전부 대출을 받아 1년 동안 가열차게 갚아나갔습니다. 빚을 다 갚고 나서 모은 돈으로 부산점을 열었고, 코로나가 터져서 수익을 못 내고 있는 상황이었습니다. 연남에서 번 돈으로 연남과 부산 직원들 월급에, 월세에, 세금까지 열심히 내고 있는 빈털터리였습니다. 그럼에도 이번에도 모은 돈 하나 없이 빚을 내어 지점을 하나 더 열겠다고 생각했습니다. 대체 어떤 배짱이었을까요.

부산점을 운영해보니 아는 사람 없는 낯선 곳에서 가게를 여는 건 역시나 쉬운 일이 아니었습니다. 무엇보다 겨우 서울과 부산임에도 외롭고 외로웠습니다. 매일 밤 친구에게 전화를 걸어 헛헛함을 달래고 서울에서 가고 싶은 곳을 적어두고 그날만을 손꼽아 기다리기도 했습니다.

사람 마음이란 참 신기합니다. 가까이 있을 때는 그다지

감흥이 없던 서울의 랜드마크 한강이나 경복궁, 덕수궁 돌담길 또는 광화문 같은 곳에 너무 가고 싶었습니다. 서울에 오자마자 저는 어디에 홀린 것처럼 서촌에 있는, 전부터 무척 가보고 싶던 찻집으로 향했습니다. 지도 앱을 켜고 서촌 구석 어딘가에 있는 찻집을 찾아가던 중에 한 평도 안 되는 작은 부동산 앞에 서서 임대 광고를 보고 멈춰 섰습니다.

부동산 여자 사장님이 나오시면서 "아가씨, 뭐 보여줄까?" 하길래 "단독 있나요? 단독 상가요"라고 대답했습니다. 연남점이나 부산점 모두 얼스어스 단독 건물이 아니었기에, 3호점은 단독 건물로 운영하면 어떨까 싶었습니다. 그러자 "하나 보여줄게"라는 대답이 돌아왔죠.

사장님이 처음으로 데려간 곳은 멋진 기와집이었지만 감당이 안 될 것 같은 크기였습니다. "여기밖에 없는 거죠?"라고 묻고 그렇다고 하면 곧장 가던 길을 가려고 했습니다. 그런데 마침 한 곳 더 생각이 났다며 "거기가 나갔다고 했던가…" 하며 건물주에게 전화를 걸어보더니, 지금 청소도 할 겸 나와 계시니 가서 보자고 했습니다.

그곳이 바로 지금의 서촌 얼스어스입니다. 저는 보자마자 '여기다!'라는 생각이 또 들었습니다. 이층 단독 주택에 일본 건축 양식인 적산가옥. 나중에 서촌점 바로 옆 경복고등학교에서 30년 넘게 근무하고 계신 경비원님 말로는 양옆으로 똑같이 생긴 적산가옥이 있었는데 지금은 얼스어스 서촌점 한 곳만 그대로 남아 있다고 하더라고요. 언젠가 여든이 훌쩍 넘은 할머니가 오셔서, 예전에 이 근처에 살았는데 그대로 남아 있는 건 이 집뿐이라는 아련한 말씀도 전해주셨습니다. 또 60대 노부부께서 커피를 한잔하며 남편 분이 경복고등학교 졸업생이라 이 동네를 잘 아는데 오랜만에 와보았다며, 이 집이 카페가 되다니 재밌다고, 커피도 아주 맛있다고 칭찬을 해주셨습니다.

얼스어스 서촌점 바로 옆집에는 오래된 추어탕집이 있는데, 식당을 시작할 때 사장님이 지금의 얼스어스 적산가옥에서 전세로 거주했었다고, 그때는 하루 종일 가게에서 일하고 집에서 겨우 쪽잠을 자다가 다시 출근하는 생활을 했다고요. 그렇게 계속계속 일만 하다 이곳의 좋은 기운을 받아 더 좋은 곳으로 이사를 갔다고 말씀해주셨습니다. 주택이었던 이곳이 멋진 레스토랑이 되고, 주얼리 공방이었다가, 얼스어스가 자리를 잡게 되었습니다.

지금 얼스어스는 서촌을 대표하는 카페 중 하나가 되어

그 먼 곳까지 많은 분들이 찾아옵니다. 어디가 본점인지 묻는 분들이 많을 정도로 얼스어스를 대표하고 있지만 연남점처럼 처음부터 탄탄대로를 달렸던 건 아닙니다. 서촌점 오픈 후 사흘 뒤, 코로나로 집합 금지 명령을 넘어 카페 영업 제한 행정명령이 떨어졌습니다. 오직 배달만 가능했는데 용기를 직접 가져와야만 포장이 되는 '번거로운 포장법'으로 운영 원칙을 정하고 있는 얼스어스는 배달을 할 수 없어 정말 힘들었습니다. 다행히 3개월 후 명령이 해지되면서 가게 문을 정상적으로 열 수 있었지만 11월에 오픈한 가게가 2월에 신상 카페로 주목을 받는 건 쉽지 않았습니다. 그렇다고 목이 좋은 곳도 아니어서, 이곳 역시 근처에 사는 주민 분들 또는 경복고등학교 학생들 외에는 오가다 들를 사람들도 많지 않았습니다.

힘든 시기를 기다리고 또 버텨냈습니다. 가게를 연 지 1년이 지나니 그제야 조금씩 더 많이 찾아주는 공간이 되었고 지금은 오픈 이래 가장 많은 분들께 큰 애정을 받고 있다고 느낍니다.

세컨드 브랜드 도전 성수 얼스케이크베이크샵 (얼켁벡샵)

서촌점을 오픈하고 난 뒤 1년 정도 지났을 즈음 또다시 새 지점을 고민하기 시작했습니다. 브랜드를 잘 유지하기 위해서는 끊임없이 확장해야 한다는 생각뿐이었습니다(지금은 아닙니다. 하나를 하더라도 단단하게 운영하자!).

그러다 2022년 5월 프랑스로 휴가를 떠났을 때, 운명처럼 파리의 카페 벨빌(Cafe's Belleville)을 만납니다. 여행을 하면서 늘 가장 맛있는 원두를 찾는 게 취미인데, 벨빌의 커피가 너무 맛있어서 원두를 살 겸, 두 번째 들른 벨빌에서 마침 그곳에서 일하는 한국인 바리스타를 만났습니다.

다정한 바리스타님은 이곳 사장님이 2019년 밀라노 로스터리 대회에서 1등을 했다는 이야기와 함께, 건물 안쪽 원두 창고와 로스팅 공간, 로스팅 워크숍 공간을 소개해주겠다고 했습니다. 유럽의 건물은 창문이나 건물의 폭에 따라 세금이 매겨져, 안쪽으로 들어갈수록 건물 바깥에서는 짐작 못했던 큰 공간이 나오는 경우가 많습니다. 벨빌 역시 ㅁ자 형태의 건물이었는데, 안쪽 중정이었던 곳에 천장을 만들어 건물 내부처럼 사용하고 있었습니다.

아주 널찍한 이곳은 워크숍 진행을 위한 커다란 테이블,

원두 창고와 로스터리 기계 등이 있는 멋진 공간이었습니다. 머리 위로 햇살이 그대로 투과되는 투명한 천장과 에메랄드그린의 철제 프레임이 만드는 이 공간의 분위기는 더없이 따스했습니다. 우연이 여러 번 겹쳐 숨겨진 공간까지 살펴볼 수 있는 귀한 경험이었습니다.

휴가 이후 가을부터 새 지점을 낼 공간을 본격적으로 알아보기 시작했습니다. 특별히 가고 싶은 동네를 염두에 두고 있진 않아서, 서울 상권 지역들 위주로 부동산을 보기 시작했습니다. 그러다 한 부동산 사이트에서 두 건물 사이 담을 헐고 건물 두 채와 그 사이 중정 공간까지 사용하고 있는 카페 매물이 눈에 들어왔습니다. 이 성수동 건물의 중정을 보자마자 한눈에 파리 카페 벨빌의 중정을 떠올렸습니다. 너무 맘에 들지만 권리금 7,000만 원이 부담이 되었습니다. 그간 조금 외진 곳이라도 무권리 매물들을 선호해왔고 언제나 예산은 부족했기에, 마음을 거두었습니다.

그리고 새해가 되어 2023년에 다시 자리를 알아보던 중 무권리 매물로만 선별해달라는 저의 요청에 부동산 중개사님이 보여준 공간이 바로 지난가을에 보았던 그 카페 건물이었습니다. 놀란 마음을 진정시키며 공간을 찬찬히 둘러

봤습니다. 아무래도 이건 운명의 공간이었습니다. 성수점은 이렇게 얼스어스와 만나게 되었습니다.

비록 운영에 힘이 부쳐 오래 지키지 못해 아쉽지만, 시도해보고 싶었던 것을 맘껏 해본 공간이었던 만큼 좋은 추억으로 오래 남을 것 같습니다.

낡음이 매력으로 다가가는 공간

지점을 하나씩 늘려가면서 지키고자 한 일관된 컨셉은 언제 방문해도 공간 자체가 품고 있는 시간을 자연스럽게 느끼게 하는 것이였습니다. 깔끔하고 세련된 새것보다 내 몸에 맞게 적당히 늘어난 편안한 티셔츠처럼, 낡고 오래된 것에서 오는 친숙함으로 먼저 다가가도록 공간을 채웠습니다.

연남점

연남점을 들어설 때면 어릴 때 가장 좋아했던 롯데월드 놀이기구 '신밧드의 모험'이 생각납니다. 긴 줄을 기다려 드디어 배에 올라타면 몇 초 지나지 않아 배가 훅 하고 하강합니다. 짧은 하강이지만 적당히 스릴이 있어 매번 그 구간에서 놀라곤 했습니다. 그러고 나면 방금 전까지 내가 있던 곳과 다른 세계가 나타납니다. 흐르는 물이 있어 습한 냄새도 나고요, 신밧드가 악당들에게 납치된 공주를 구하고 금은보

화도 되찾는 이야기인 만큼 곳곳에 옛날 물건이나 소품들이 가득합니다.

얼스어스 문을 열고 조금 낮은 층고의 가게로 손님이 들어설 때 곧바로 조금은 다른 세계로 이동하는 기분이 들기를 바랐습니다. 구석구석에는 신밧드가 살던 세계처럼 오래전부터 제가 모아온 소품들을 가져다두었습니다.

일마 전, 가게 테이블에 앉아 업무를 하고 있는데 옆에 앉은 손님들이 가게에 대한 이야기를 하더라고요(제가 사장일 줄은 꿈에도 몰랐을 거예요). 저도 모르게 귀가 쫑긋했습니다. 손님들은 낮은 테이블에 비해 의자가 높아 무릎이 안 들어간다, 다른 테이블들도 너무 작다 등등 불편한 점에 대해 이야기를 나누었습니다. 저도 고개를 끄덕였습니다. 체구가 작은 저에게나 편하고 귀여운 테이블이지, 웬만한 성인 남성에게는 매우 불편한 크기였습니다. 모두 직접 앉아보고 골랐지만 불편하게 생각할 줄은 미처 몰랐습니다.

그럼에도 2021년에 연남점을 한 번 리뉴얼하고도 다시금 작은 테이블과 의자를 들여놓은 이유는, 공간 자체가 워낙 작고 층고도 낮은 가게에 조금이라도 큰 가구가 들어오면 정말 답답해 보이기 때문입니다. 그래서 최대한 작고 아담한 가구들을 들이게 되었어요. 옆에 앉은 손님 분들께 마음속으로 깊이 사과드렸습니다.

'잘 알고 있으면서 불편을 드려 죄송합니다.'

그럼에도 밖에서는 잘 보이지 않는 이 비밀의 공간 덕분에 손님들은 아늑함을 느끼기도 하고 오래된 집에 초대받은 기분이 든다고 합니다. 그런 오래된 멋스러운 공간으로 익어가는 이 공간을 저도 무척 좋아합니다.

서촌점

서촌점 건물을 처음 보자마자 저는 외관에서부터 압도당했습니다. 이렇게 멋진 독채가 있다고? 그것도 100년이 다 되어가는 적산가옥이라니, 정말 이국적이었습니다.

청운동에서 홀로 긴 세월을 지키고 있는 이 건물에서 제가 가장 마음을 빼앗긴 공간은 중정입니다. ㄴ자 형태의 이 건물은 옆 건물과 벽 사이 공간이 거의 없어 하루 중 중정에 해가 드는 시간은 채 몇 분이 되지 않습니다. 그래서 하루 종일 습한 곳이기도 하죠. 처음 이 공간을 보았던 날, 바닥엔 푸른 이끼가 가득했고 썩어 있는 담벼락 나무조차 저에게는 그렇게나 평화로워 보였습니다. 오랜 시간 관리하지 않아

무성해진 이끼를 해치지 않으려 바닥만 바라보며 발을 내디뎠습니다. 사람 손길이 안 닿아 잡초가 무성하고 자연 그 자체였던 중정의 모습은 정돈되었지만, 저는 여전히 좋아한답니다. 잠깐 앉아 있자면 어쩐지 제주도에 와 있는 기분도 들고요. 습한 공간이라 활용할 수 있는 계절이 많진 않아 아쉽기도 합니다.

영업하는 공간을 볼 때 조금 더 내공이 있었다면 습하거나 목조 건물에 대해 더 심각하게 고민했을 텐데요. 서촌점은 무려 습한 데다 목조건물입니다. 관리가 매우 까다롭죠. 하지만 그때는 첫눈에 모든 마음을 홀라당 빼앗겨버렸습니다. 중정에 서서 하늘을 보면 ㄴ자 검은 기와지붕이 보여요. '지금 어느 시대에 있는 거지?' 잠시 착각하게 되는 아주 멋진 공간입니다.

2층 안쪽 좌식 테이블에 있는 큰 창에서는 아래 중정을 마음껏 바라볼 수 있습니다. 그 공간이 서촌점의 힐링 포인트입니다. 그래서 그런지 이곳에 앉은 손님들은 정말 오랫동안 혼자만의 시간을 보내다 갑니다. 그런 손님과 마주칠 때면 뭔가 통한 것 같아 기분이 좋습니다.

2층을 나오면서 머리 위를 한 번씩 바라봐주면 좋겠습니다. 천장의 평평한 나무 판자를 제거하고 나니 지붕 아래 천장으로 검은색 서까래가 웅장하게 모습을 드러냈어요.

저는 종종 한참 이 천장을 바라보고 서 있습니다. 어딘가로 빨려 들어가는 기분으로요.

레스 웨이스트 성수 얼스케이크베이크샵

세상에서 얼스어스를 가장 사랑하는 사람은?

바로 저일 겁니다. 스물일곱에 처음 얼스어스를 열면서부터 얼스어스가 100년 가게가 되었으면 좋겠다고 생각할 정도로 저는 가게에 대한 애착이 강했습니다.

그러려면 어떻게 해야 할까, 다음은 무엇일까.

생각이 꼬리를 물다 보면 결국 사장이 지치지 않아야 사업을 계속할 수 있고, 열심히 일하는 직원들이 오래 일할 수 있는 가게가 되어야 한다는 결론이 나왔죠(사람이 자주 바뀌는 것만큼 사업주를 지치게 하는 것은 없고, 손님들과 오랜 시간을 쌓아온 직원이 그만두는 것만큼 가게에 큰 손해도 없습니다. 얼스어스에서 일하는 스태프 대부분이 정직원인 이유이기도 합니다).

얼스어스 사업 초기에는 저와 비슷한 또래 스태프들이 있었습니다. 저는 그 친구들을 일반적인 대표와 직원처럼 상하관계가 아니라, 저와 동등한 관계로 직원을 대하고 급여

조건 등에서도 항상 더 나은 대우를 해주고 싶었습니다. 머릿속에서 얼스어스의 한두 해 뒤가 아니라, 10~20년 뒤를 그리고 있었기에 더욱 그랬던 것 같고요.

브랜드를 유지하기 위해서는 현재에 머무르기보다 확장을 선택해야 했습니다. 1호점 연남점 빚을 다 갚아갈 즈음, 자연스럽게 2019년에 2호점 부산점을 진행했습니다.

얼스어스는 아주 느리지만 천천히 성장했습니다. 물론 코로나와 같은 예상치 못한 일을 겪고 많이 힘들기도 했습니다. 위기를 기회로 바꾸겠다며 무리하게 2020년 11월에 3호점 서촌점을 열었습니다. 안타깝게도 서촌점을 열자마자 3일만에 코로나 거리두기로 인한 홀 영업제한 행정명령이 내려왔습니다. 다회용기 포장만 가능한 얼스어스는 거의 세 달 동안 연남점과 부산, 그리고 서촌점까지 제대로 된 영업을 할 수 없었습니다. 열심히 예약을 받았지만 어떤 날은 5만원, 많아봤자 20만원 매출을 기록했어요. 저의 모든 직원들은 출근 대기 상태가 되었고, 월세를 낼 여유도 없었습니다. 13개월만에 부산점을 정리했습니다.

얼스어스처럼 기존 고객층이 두터운 브랜드가 보통 새 지점을 열면, 기존의 얼스어스 손님들이 가장 먼저 찾아옵니다. 그분들을 만족시키면 재방문율이 늘고 새 가게는 점점 자리를 잡게 됩니다. 하지만 서촌점은 오픈하자마자 영업 제한 명령이 내려졌으니, 영업을 시작한 3개월 후 시점에는 개업으로 주목받을 시기가 다 지난 후였습니다.

그렇게 약 1년 정도 서촌점은 위태로운 시기를 보냅니다. 영업제한뿐 아니라 서촌점은 유동 인구가 없는 한적한 동네(제가 좋아하는 곳이긴 합니다)에 있었고, 역에서 걸어서 30분이나 걸리는 이곳까지 찾아오는 분들은 매일 한정적이었기 때문입니다. 자리를 잡아가는 1년 동안 급여와 밀린 월세, 세금 등을 제하고 나면 제 수중에 남은 돈은 거의 없었습니다.

해가 갈수록 얼스어스는 더 이상 새롭지 않은 오래된 가게로, 조금씩 손님들에게 잊히는 듯했습니다. '하루 종일 줄 서는 카페'는 옛말이 되었고 주말에도 한가한 날들이 조금씩 늘었습니다. 신메뉴를 열심히 개발해도 반응이 한 달을 채 넘기지 못했습니다.

그때 저는 더 이상 대출금을 갚지 않기로 결심합니다. 얼스어스가 가야 할 다음 목표로, 열심히 모은 돈으로 다음 지점을 내고 사람들에게 브랜드를 재인식시켜 위기를 넘겨보겠다는 선택을 합니다. 그와 동시에 지금처럼 제로 웨이스트 카페로 운영하는 것이 이 시대에 경쟁력이 있는지 끊임없이 스스로에게 묻고 있었습니다.

얼스어스는 국내 1호 제로 웨이스트 카페입니다. 그 덕분에 주목을 많이 받기도 했습니다만, 실제 카페를 찾는 많은 분들은 맛있는 얼스어스 케이크를 먹기 위해 가게를 찾았습니다. 이 손님들은 다소 귀찮더라도 직접 용기를 가져오는 얼스어스만의 번거로운 포장법을 이용했습니다. 실제로 활발히 운영되는 포장법 덕분에 더욱 이목이 집중되기도 했습니다.

만약 얼스어스가 포장이 가능한 카페였다면 어땠을까.

힘든 시기를 보내는 동안 가보지 않은 길에 대해 정말 많이 고민했습니다. 한때는 얼스어스가 제로 웨이스트 카페의 시작점이기에 더 주목을 받았고 덕분에 잘 운영되는 거라고 생각할 때도 있었습니다. 하지만 지켜야 할 신념 없이 오로지 제 사업이 돈을 버는 데 목적이 있었다면, 손님들이 가장 많이 사랑해주는 케이크 메뉴를 소위 대목인 날엔 더 많이 생산하고 판매해 지금보다 높은 매출과 이익을 취했을 겁니다.

그러나 돈을 덜 벌더라도 지구에 부담이 덜 되는 카페를 하는 것이 제가 얼스어스를 하는 이유였습니다. 그런 저와 달리, 직원들은 다른 카페에 비해 제로 웨이스트 카페 얼스어스에서 일하는 좋은 점이 있을까요?

티슈 대신 손수건을 사용하는 가게라서 애벌빨래를 손수 해야 하고, 분리수거에 더 품을 들이고, 음식물 쓰레기를 줄이려 케이크 재고가 남지 않도록 매일 적정량을 만들기 위해 신경을 써야 합니다(버리더라도 한 번에 많이 만드는 게 손이 덜 가는 방법이지만 얼스어스는 혹시 모를 판매를 위한 여분의 케이크를 만들지 않습니다). 영업시간에 비해 빠르게 소진이 되면 바쁜 틈을 쪼개 재료를 손질해서 그때그때 만들기도 합니다.

케이크 예약 손님이 오기 전까진 케이크를 미리 포장해둘 수도 없습니다. 손님이 어떤 난이도 높은 다양한 용기를 가져올지 모르기 때문입니다. 손님이 직접 가져온 용기에 맞춰 케이크를 예쁘게 장식해야 하고, 목이 좁은 텀블러에 아이스 음료를 담기 위해서는 얼음을 살짝 녹여 작게 만든 뒤 음료를 완성합니다. 비닐을 사용하지 않기 때문에 영업마감 때마다 화장실 쓰레기통에 버려진 휴지를 고무장갑 낀 손이

나 집게로 집어 일반 쓰레기봉투에 넣어 버립니다.

그러니까 얼스어스는 다른 가게에 비해 사람을 많이 채용할 수밖에 없습니다. 보통 가게는 매출의 30퍼센트를 총 인건비로 책정합니다. 하지만 얼스어스는 30퍼센트를 훌쩍 뛰어 넘습니다. 다만 이 숫자는 어디까지나 매출 대비이지, 직원의 연봉이 다른 카페에 비해 월등히 높은 것은 결코 아닙니다(업계 평균 그 이상도 이하도 아닐 거라 생각하고, 어떻게 하면 직원들에게 더 많은 것을 줄 수 있을지 고민하고 있습니다). 매출로 이어지지 않는 손품이 필요한 일들이 많아 비슷한 규모의 카페보다 직원이 많은 까닭이죠.

얼스어스의 세컨드 브랜드 성수 얼스케이크베이크샵을 하고자 했던 가장 큰 이유는, 레스 웨이스트(Less Waste) 카페 운영으로 매출과 친환경 모두 잡을 수 있다는 걸 보여주고 싶었기 때문입니다. 다른 자영업자 분들이 덜 고민하며 친환경으로 가게를 운영할 수 있도록 문턱을 낮추고 싶었습니다.

두 번째로는 그간 얼스어스에서 열심히 일해준 스태프들에게 더 나은 복지를 제공하고 싶었습니다. 오래 일한 직원이 그만두는 이유가 적어도 부족한 급여와 복지 때문은 아니길 바랐습니다. 그래야 누군가 그만둔다 해도 후회로 남지 않을 것 같았습니다. 당신 덕분에 얼스어스가 이만큼 성장할 수 있었다고 잊지 않았다고 말해주고 싶었습니다. 앞으로 더 나은 회사가 되겠다는 다짐과 함께.

얼스케이크베이크샵은 재활용이 용이한 골판지 박스 재질로 포장 박스와 종이와 대나무 그리고 밀짚으로 만든 일회용품만을 사용하며 탄소배출량을 줄이려 노력했습니다. 주 메뉴를 치아바타로 정한 이유도 기름기가 없어 꼭 비닐에 포장하지 않고 종이로만 감싸서 제공할 수 있었기 때문이었습니다. 보통 베이커리 카페에서 빵을 담는 트레이에 사용하는 유산지도 과감하게 없앴습니다. 어차피 유산지를 깔아도 트레이는 씻어야 하니 굳이 사용할 이유가 없었습니다. 가게 중정에는 세면대를 만들어, 물티슈 대신 이곳에서 손을 씻도록 안내했습니다.

성수점은 처음으로 설비(수도, 전기, 목공, 페인트, 금속 등)와 인테리어, 메뉴 개발, 패키지 디자인 선정, 브랜딩 등 모든 걸 직접 해봤습니다. 특히 지난 얼스어스의 세 지점을 할 때와 달리 제가 직접 디자인을 정하고 작업자 분께 의뢰하여 원하는 작업물을 내야 하는 일들이 꽤 큰 부담이 되었습니다(나이가 많은 남자 작업반장님들 간의 협업을 이끌어내는 것 역시 쉽지 않았고요). 그럼에도 직접 해야만 했던 이유는 기존 얼스어스 지점 세 곳의 인테리어 공사를 끝내고 난 뒤 항상 마감이 아쉬웠기 때문입니다. 저렴한 자재를 사용한 탓에 시간이 지나면서 나무가 휘거나 씽크대 경첩이 금세 고장이 나는 등 문제들이 발생했습니다.

그래서 성수점은 오래 사용해도 녹슬지 않는 가게가 되기를 바라며 가벽도 콘크리트 버금가게 아주 튼튼하게, 문도 아주 정교하고 무겁게(습해도 변형이 없도록) 만들었습니다. 또 수많은 경첩들을 비교하며 정말 단단한 것들을 사용했습니다. 문 손잡이나 선반 손잡이까지 오래 사용할 수 있거나 마음 깊이 좋아하는 것들로 꾸려놓았죠.

드디어 성수점 첫 오픈 날. 아주 반가운 얼스어스 단골손님이 방문해주었습니다. 손님은 맛있게 먹고 간다며 작은 손 편지를 적어주었어요(그리고 문을 닫는다는 소식을 전하자, 마지막 날에도 오셔서 또 다시 손 편지와 인사를 건네주었습니다. 아직도 제 노트에 붙어 있습니다. 정말 감사합니다).

얼스어스 세컨드 브랜드를 준비하면서 제가 부족한 게 많구나 느끼면서도 차차 시간을 쌓으며 보완하고 싶었습니다.

지금까지 항상 그래왔듯이 문제가 있으면 돌파하고 성장하는 가게가 되기를, 설레는 마음으로 성수점을 시작했습니다.

<성수 얼스케이크베이크샵 오픈 공지>

이렇게 오픈을 알리는 날이 올 줄이야. 너무나 감개무량합니다요.

17년에 얼서스를 오픈했으니까, 가게 문 열고 1년이 채 안 됐을 때 이런 생각을 했어요.

손님들께 가게에 오라는 말을 하는 게, 어쨌든 소비를 촉진하는 일이고 환경이 이롭지 않으니 입이 떨어지질 않았습니다. 또 얼스케이크가 생각지도 못하게 큰 사랑을 받으면서도 케이크를 더 많이 파는 게 손님들 건강에 좋지 않으니 자주 와달라는 말을 못 하겠더라구요. 건강한 케이크를 만들려고 동물복지란, 자일로스설탕 등 열심히 노력하고 있지만 그래도 여전히 제 마음이 불편해서 언젠가 건강한 먹거리를 팔고 싶다는 생각을 늘 해왔던 것 같아요.

그래서 작년부터 제가 좋아하는 치아바타를 만들어보고 배우면서 팀원들과 메뉴를 준비하게 되었습니다. 아시져? 저희 약간 먹잘알들인 거. 20시간 이상 저온 숙성으로 풍미 좋은 치아바타를 구워요. 저는 누룽지 같은 치아바타를 사랑해서 안은 쫄깃, 겉은 크러스트한 빵으로 구워냅니다. (저는 진짜 식감을 사랑…해요. 씹고보고맛보고즐겨도 씹는게 먼저) 아마 홀에 있는 오븐으로 한 번 더 구워 드시면 죵말죵말 맛있게 드실 수 있을 거예요!

당연히 식사빵만 있는 건 아니구요, 크림 듬뿍 들어간 챠바타랑 건강하고 맛있는 샌드위치까지 준비합니다.

그리고 테스트할 때마다 감탄을 연발한 스프. 이 녀석 감자스프인데 얼스켁으로 저와 입맛이 맞는 분들이라면 후회하지 않으실 거예요. 바삭쫄깃한 빵을 스프에 드움뿍 찍어 먹으면, 들숨엔 버터의 향기가 날숨엔 감자의 풍미가 왔다리갔다리하면서…!

마지막으로 커피. 16개의 빈을 테스트하여 최고최고따따봉 맛있는 커피로 선정! ㅎㅎㅎㅎ 저희 챠바타랑 맛있게 먹을 수도 있고 커피만 마셔도 으악 맛있어 할 수 있을 만큼 훌륭한 빈으로 서브해드립니다아! 그러니까 그냥 한마디로 다 맛있…어요!

대표 제로 웨이스트인 얼스어스를 잘 운영해오다가 돌연 레스 웨이스트 카페를 열게 된 배경에 대해서도 브런치에 올리겠다고 하고서는 세컨드 브랜드 준비에 예기치 못한 큰 에너지가 들게 되면서 못하게 되었는데 오픈해두고 다시 작성해보겠습니다! 이 얘기는 제가 할 말이 너무 많아서 차차 다 풀어나가고 싶어요!

제가 만든 공간에 일회용품이 있는 게 아직까지도 어색합니다.
그럼에도 제로 웨이스트보다는 허들이 낮은 레스 웨이스트를 잘 운영해 이런 가게가 많아지면 지구에 보탬이 될 수 있다는 생각으로 저는 열심히 할 예정입니다. 저란 사람은 이런 목표가 없다면 가게를 운영해나가기가 쉽지 않네요.

지금까지 얼스어스의 엄격한 운영방식으로 불편함을 제공하는 것 같아 마음 한편으로는 뿌듯함과 무거운 마음이 공존했었지만, 얼켐벨샵도 마냥 호불호 없는 서비스를 제공하는 것은 아니에요.

재활용, 생분해, 재사용 여부 등을 꼼꼼하게 따져보아 포장 용기들을 골랐지만, 미세 플라스틱이 있는 물티슈를 제공하지 않고 수돗가에서 손을 씻을 수 있게 하거나 딱딱한 스테인리스 빨대 제공, 포장 간소화, 아이스 음료도 종이컵에 제공하는 등 크고 작은 불편함을 제공할지도 모르겠습니다. 하지만 엄청나게 큰 불편을 들이지 않고 지구를 위할 수 있는 노력을 기꺼이 해낼 수 있는 마음이 모여 조금이나마 당연해지기를 바랍니다.

겨울부터 여름까지 준비했던 얼켁벡샵, 이제 오픈해보겠습니다!

가오픈 : 2023년 6월 16일 금요일 ~ 18일 일요일 (3일)
재정비 : 19일 월요일
정식 오픈 : 20일 화요일

손님을 줄 세우는 얼스케이크의 비밀

생일이 되면 어김없이 서른한 가지 아이스크림 가게로 향합니다. 제일 좋아하는 6가지 맛을 꽉 채워 담아 와 초를 붙이고 생일을 기념하곤 하죠. 개인적인 취향으로 크림이 덧발린 케이크를 좋아하지 않습니다.

카페를 운영하려니 디저트 하나쯤 필요하겠다 싶었습니다. 전에 일했던 카페와 거래했던 유명한 O제과점에 케이크 납품 문의를 했더니, 최소 납품 수량이 홀 케이크 기준 10개라는 답변이 돌아왔습니다. 수량을 듣고 머릿속이 어지러웠습니다. 지구에 부담이 덜 가는 카페를 운영하고 싶은데, 케이크 10개를 들이려면 혼자 운영하는 이 작은 가게에 불필요하게 큰 냉장고가 들어와야 했습니다(보통 카페에서는 대량 주문 후 냉동 보관, 하루 판매량만큼만 냉장 보관하며 판매하는 일이 보편적입니다). 거기에 딸려올 케이크 박스, 보냉재 등을 생각하니 마음이 더더욱 무거웠습니다. 납품을 포기하고 소박하더라도 직접 만들자 빠른 결론을 내렸습니다.

메뉴 개발을 위해 책상에 앉았습니다.

'내가 왜 케이크를 싫어했지?'

시럽이 발린, 계란 맛이 나는 케이크 시트 부분이 가장 싫었습니다. 빵을 굽지 않고 만들 수 있는 레어치즈케이크 레시피를 샅샅이 찾고, 그 재료들 가운데 선호하지 않는 재료는 빼고 좋아하는 재료들을 더하는 식으로 만들어보았습니다. 이렇게 말하면 '이토록 사랑받는 케이크 레시피라니. 정말 많은 시행착오를 겪었겠구나' 상상하겠지만 사실 테스트는 딱 세 번뿐이었습니다.

처음에는 색감과 모양을 보고, 그 다음에는 당도를 수정했습니다. 마지막은 얼마나 차갑게 만들지 케이크 온도를 체크했습니다. 가게 오픈 직전, 추석을 맞이해 친척들이 모두 모인 자리에서 저는 마지막으로 완성한 케이크를 선보였습니다. 표현이 서툰 우리 가족들이 케이크를 남김 없이 먹으며 연신 "맛있다, 맛있네" 하는 반응을 보고 이 정도면 팔아도 되겠다고 안도했습니다.

2017년 11월 10일, 대망의 오픈 날이었습니다. 그날 아침 케이크 10개를 만들고 첫날에는 3개를 팔았습니다. 처음 오픈한 3일 동안 일을 도와주러 온 친구가 첫날 남은 케이크 7개를 오픈 전과 마감 후에 매일 1개씩 먹어주었습니다.

간단하고 소담하게 조금씩만 직접 만들어 팔아보자고 했던 케이크가 생각지도 못하게 입소문이 나기 시작했습니다. 먼저 맛본 손님들이 긍정적인 후기를 남겨주었고, 그 후기를 보고 찾았다가 당일 준비된 케이크가 소진되어 못 먹은 손님들이 아쉽다고 SNS에 올리면서 '없어서 못 먹는 케이크'가 되었습니다. 조금씩 준비 수량을 늘렸지만 매일 '그냥 내가 먹을까?'를 고민하며 식탐과 매출 사이에서 힘든 시간을 보냈습니다.

오픈한 지 몇 주 지나지 않아 12월이 되었고 크리스마스 분위기가 여기저기서 풍겼습니다. 슬쩍 그 분위기에 합류하고자 단순한 원기둥 모양 케이크 위에 24~25일 동안만 딸기를 올린다고 인스타그램에 공지를 했습니다. 그런데 반응이 엄청났습니다. 사람들은 특별한 케이크라며 입을 모아 칭찬했고 이 기간에만 먹을 수 있는 게 아쉽다는 반응이었습니다. 게다가 어느 한 손님은 칼을 잠시 빌려달라고 하더니 딸기가 올라간 케이크의 반을 가르는 영상을 찍어 본인 SNS 계정에 올렸습니다. 그 게시물 반응이 무척이나 좋았습니다.

결국 크리스마스가 지나고 나서도 딸기를 빼지 못했습니다. 오히려 단면을 더욱 아름답게 만들기 위해 딸기를 케이크 안에 하나 더 쏘옥 넣었습니다. 빈티지숍에서 예쁜 나이프를 여러 개 구해왔습니다. 디저트를 드시는 분들에게 케이크와 함께 나이프를 제공해드렸죠. 그렇게 지금의 얼스어스 케이크 모양이 완성되었습니다. 말장난을 좋아하는 저는 얼스어스 케이크를 '얼스케이크(earthquake)'라고 이름을 지었는데, 손님들이 너무나도 맛있게 먹는 모습을 보고 그 뒤부터 '맛있어서 동공 지진이 나는 케이크'라고 설명을 덧붙였습니다.

이렇게 한 계절에만 나오는 딸기 케이크를 만들어버렸으니 다음 계절에는 어떤 메뉴를 해야 할지 막막했습니다. 그러던 어느 날 손님이나 지인들에게 선물 받은 바나나를 종종 케이크 안에 넣어 먹거나 얹어 먹던 스태프들의 별미 간식 메뉴가 눈에 띄었습니다. 여름에도 손쉽게 구할 수 있는 바나나가 딸기 다음으로 선택되었고, 그렇게 얼스케이크의 크림치즈케이크는 딸기와 바나나, 계절별로 두 가지 버전이 탄생했습니다.

어느새 연말을 지나 바람이 살랑이는 봄이 되자 사람들은 꾸덕꾸덕한 크림치즈케이크를 잘 찾지 않았습니다. 새로운 메뉴 개발 시기가 다가왔습니다. 전에 일하던 가게에서 만들던 요거트스무디를 참 좋아했는데 스무디 같은 케이크를 만들면 어떨까 하는 아이디어가 떠올랐습니다. 이것이 바로 시즌별로 얼스어스에서 만나는 딸기, 블루베리, 망고, 무화과 그리고 샤인머스캣과 키위로 만드는 요거트케이크입니다(얼스어스 인스타그램에서 실시한 얼스케이크 선호도 설문에서 요거트케이크가 얼스케이크의 원조라 할 수 있는 크림치즈케이크를 6:4 비율로 이기기도 했습니다).

이제는 두 케이크 외에도 다양한 라인업이 생겼어요. 계절마다 바뀌는 제철과일이나 작물을 먼저 골라 그에 맞은 메뉴를 구상하기도 하고, 디저트를 먼저 고민하다 그에 잘 맞는 과일을 선택하기도 합니다. 또 '내가 지금 먹고 싶은 디저트가 뭐지?' 하는 마음에 집중하며 신메뉴 토대를 잡기도 합니다. 예를 들어, 프랜차이즈 아이스크림 전문점에서 파는 '피스타치오 아몬드' 같은 케이크가 먹고 싶다는 방향성을 잡고 이를 실현할 수 있는 재료들과 식감을 완성해줄 방법을 탐구하는 식입니다. 그렇게 얼스어스 주인장 입맛의 세상에 하나뿐인 디저트가 탄생합니다.

이후로도 손님들은 하나뿐인 디저트를 심심치 않게 주문했고 급기야 포장을 해가겠다는 손님들이 생기기 시작했습니다. 포장 요청하는 손님들에게는 늘 정중하게 환경을 생각해서 일회용품을 사용하지 않아 포장이 어렵다고 안내드리기를 반복했죠.

그러던 어느 날 한 단골손님이 "집이 이 근처이니 그릇을 가져오면 포장해줄 수 있을까요?"라고 묻기에 가능하다고 했습니다. 그런 손님들이 한두 분 늘어나고, 그 손님들로 인해 얼스어스의 번거로운 포장법이 시작되었습니다.

용기 내, 다회용기! 번거로운 포장법

번거로운 포장법은 손님들로부터 시작되었습니다.

처음부터 포장법 이름이 있었던 건 아니었죠. 최초로 얼스어스에서 포장을 했던 동네 주민 손님이 인스타그램 후기를 올리고, 다른 분이 그 후기를 '발견'하고 얼스어스에서 포장을 해가고, 그분이 블로그에 올려주고 그걸 다른 분이 보고 또 와서 포장을 해갔습니다. 알음알음 손님들이 소문을 냈고, 네이버에 '얼스어스'를 검색하면 연관검색어에 '얼스어스 포장'이 늘 따라붙곤 했습니다.

얼스어스는 가게를 연 지 2년이 넘도록 케이크 사이즈 한 번 공지하지 않았습니다. 그릇을 가져오면 포장을 할 수 있다는 말도 하지 않았습니다. 판매를 부추기는 것 자체가 친환경에 어긋난다는 생각을, 가게 운영 초반에는 무척 진지하게 했습니다(이 얼마나 근시안적인 생각인가요. 사업을 한다는 것은 돈을 벌기 위함이 첫 번째 목적이어야 합니다. 그럼에도 여전히 오래도록 얼스어스를 찾아주는 단골손님들께 죄송하고 또 감사합니다).

그래서 포장을 할 때면 케이크 크기에 맞지 않는 그릇을 가져오는 분들이 참 많았습니다. 그중 가장 기억에 남는 건 운영 초반에 어마어마한 크기의 웍을 가져왔던 손님입니다. 아마도 일반적인 조각 케이크와 달리 홀 케이크 같이 동그란 얼스케이크가 제법 큰 사이즈라고 짐작했던 것 같습니다. 거대한 웍에 소담한 얼스케이크가 담기는 너무 웃픈 상황! 그때는 저도 낯을 가릴 때라 손님께 너스레를 떨지 못해 그게 참 아쉽습니다(혹시 이 글을 보고 있다면 꼭 아는 척 좀 해주세요 ㅎㅎㅎ). 가게에서 일하는 저희 사이에서도 손님들이 가지고 오는 다양한 그릇과 포장법은 매일 화제가 되었습니다.

어느 날엔가 어떤 그릇을 가지고 오면 좋은지 어떻게 안내할지 고민하던 차에, 이런 대화를 나누었습니다.

"플라스틱 용기는 가벼운데 플라스틱이라 좀 그렇고… 유리 용기는 무겁지, 너무?"

"그렇지, 근데 '용기' 뭔가 귀엽다. 여러분, 용기 들고 용기 내서 오세요! 뭔가 귀엽지 않아?"

"헐! 너무 귀여워! 너무 좋다!"

언어유희를 심각하게 좋아하는 저로서는 '용기 들고 용기 내서 오라'는 말이 마음에 쏙 들었습니다. 실제로 가게에 포장을 하러 오는 분들 중 99.9퍼센트는 눈을 동그랗게 뜨고 조금 긴장한 상태로 가게를 들어섭니다. 그러곤 차마 떨어지지 않는 입을 어렵게 떼어내며

"호옥… 시…포…ㅈㅏ…ㅇ"

이라고 운을 떼시면 저희가 잽싸게 물어봅니다.

"용기 들고 오셨어요?"

보통 후기에도 '어려울 줄 알았는데 해보니 별거 아니었어요!' 하는 말이 많았습니다. 실제 상황과도 너무 딱 떨어지는 그 말장난이 어찌나 재밌던지, 피드에 종종 '용기내'라는 말을 적었습니다(이후 그린피스에서 "용기내" 캠페인을 하기도 했습니다. 얼스어스의 영향인지 사실은 알 수 없습니다만).

번거로운 포장법이 널리 알려지기 전에는 '일회용기 포장이 안 된다'고 하면 뭘 가져와야 하는지 묻는 손님이 무척 많았습니다. 그럴 때마다 저희는 이렇게 대답했습니다.

"집에서 사용하는 반찬통이나 냄비, 도마, 쟁반 등 씻어서 쓸 수 있는 거면 모두 가능해요!"

이런 말을 하루에도 수십 번씩 하다가, 좀 더 간단명료한

말은 없을까 고민하게 되었죠.

일회용기의 반대말은 뭐가 있을까? 한 번 써서 일회용이니까, 여러 번 쓰면 다회용이 아닐까?

그때부터 '다회용기'라는 말을 쓰기 시작했습니다. 사전에는 등록되어 있으나 실제 일상에서 쓰는 말은 아니었던 시기였습니다.

가끔 우리가 한 일들이 정말 별거 아니라고, 사실은 그렇게까지 어렵게 끙끙대며 일구어낸 것도 아니라고 스스로 작아질 때가 있습니다. 그런데 "용기내"라는 말이나 "다회용기"라는 말이 일상용어처럼 쓰이는 걸 보면 가끔 너무 신기하고 가슴이 막 콩닥콩닥거립니다.

어쩌면 얼스어스가 세상을 조금이라도 나은 방향으로 나아가게 한 것 같아서요.

제로 웨이스트 카페가 더 늘어날 수 있을까

"네이버 메인에 '반찬통에 케이크 담아주는 카페'라는 제목이 뜨길래, 어? 나도 이런 데 아는데! 하고 클릭해보니 여기더라고요!"

2018년, 얼스어스에 방문한 한 단골손님이 상기된 목소리로 말했습니다.

중국이 플라스틱 쓰레기 수입 금지를 발표하며 우리나라에는 쓰레기 대란이 일어났습니다. 하루에 한 번 뉴스에 실리기 어려웠던 환경 이슈를 어느 방송사 할 것 없이 메인 뉴스로 다뤘습니다. 이때부터 어떻게 하면 쓰레기를 줄일 수 있을지 국민들에게 엄청난 관심이 생기기 시작한 듯합니다.

거의 모든 방송사에서 친환경 카페나 제로 웨이스트 식료품 가게 등을 주목했습니다. 그리고 3사 방송국, 케이블 뉴스, 라디오, 매거진 등등에 얼스어스가 소개되었고요.

친환경, 제로 웨이스트가 트렌드가 되었습니다. 대부분의 사람들이 바다거북이 코에 빨대가 꽂힌 영상을 알 정도로 '빨대 사용'에 대한 비판적인 분위기가 터져 나왔습니다. 그 당시에는 여기저기서 제로 웨이스트 카페를 하고 싶다는 상담 문의가 얼스어스에 쇄도했습니다.

항상 물가에 내놓은 아이처럼 저를 불안하게 바라보던 부모님이 한번은 이렇게 물었습니다.

"앞으로 네가 하는 카페 같은 곳이 점점 더 많아질 텐데 괜찮겠니?"

제로 웨이스트가 유행처럼 번지자 더 이상 얼스어스가 관심을 받지 못할까 걱정이 앞섰던 것입니다. 부모님의 기우처럼 솔직히 반 정도는 걱정을 했죠. 하지만 간혹 인터뷰에서, 앞으로 얼스어스가 어떤 카페가 되었으면 하는지 묻는 질문 앞에 늘 '지금은 특이한 카페라고 소개되지만 앞으로 이런 가게가 더욱 많아져 지극히 평범한 가게로 소개되면 좋겠다'고 말하곤 했습니다. 진심으로 세상 모든 가게가 얼스어스처럼, 텀블러나 개인 용기를 가지고 와야만 포장이 가능해진다면 쓰레기를 획기적으로 줄일 수 있을 거라고 상상을 많이 했어요.

그 뒤로 시간이 꽤 흘렀지만, 얼스어스 같은 카페는 좀처럼 등장하지 않았습니다. 얼스어스는 친환경 이전에 케이크로도 주목을 많이 받았고, 얼스케이크 디자인을 카피하는 카페들은 많이 생겼습니다. 그런 카페에서 얼스케이크 모양을 한 케이크들이 플라스틱 용기에 담겨 판매되는 모습을 보는 게 정말 힘들었습니다. 차라리 디자인뿐만 아니라 번거로운 포장법도 카피를 하면 좋겠는데요….

친환경 카페들은 종종 생겨나고 몇몇 카페들은 얼스어스 덕분에 이런 카페를 만들었다는 이야기도 직접 전해주기도 합니다. 하지만 여러 친환경 카페들도 생분해 일회용품을 쓴다거나, 다회용기를 가지고 오면 할인을 해주지만 일회용품에도 포장을 하거나, 다회용기에만 포장이 가능하지만 티슈는 그대로 사용하기도 합니다. 물론 이런 운영 방식이 잘못되었다고 할 수는 없습니다. 자신의 자리에서 가능한 방법으로 실천하고 있는 사장님들에게 진심으로 대단하다고, 박수로 응원을 보태고 싶습니다.

여러 해 동안 카페 얼스어스를 운영해본 결과, 엄격한 제로 웨이스트 카페가 많아지는 것을 더 이상 바라지 않게 되었습니다. 제가 겪고 있듯이 사업적으로 수익적으로 어려움이 많을 것이 뻔합니다. 제로 웨이스트 카페 문의를 주시는 분들을 만류하기도 합니다. 그만큼 완벽한 제로 웨이스트 카페란 있을 수도 없고, 얼스어스도 완벽한 제로 웨이스트가 아니며, 이마저도 운영하는 게 쉽지 않습니다.

하루가 다르게 치열한 카페 생태계에서 언젠가 얼스어스가 더 이상 특이한 카페가 되지 않을지도 모릅니다. 그러나 환경에 관한 변치 않는 제 마음과 항상 운이 좋게도 얼스어스에 진심인 스태프들과의 만남 덕분에, 얼스어스는 가장 오래도록 제로 웨이스트로 운영된 특별한 카페로 남을 것이라고 확신합니다.

웃다가 기억에 남는 메뉴 네이밍

대학 때 “갑자기 떠오른 오늘의 개드립이 내일의 혁명이 된다”는 의미의 ‘갑오개혁’ 동아리에 가입했습니다. 동아리 활동을 열심히 하면 광고 카피를 쓰는데 도움이 될 카피 동아리라고 소개했지만, 사실은 개그맨을 꿈꾸던 선배 3인방이 만든 유쾌한 동아리였습니다. 평소에 개그 욕심이 있던 것도 아니었는데, 선배들이 좋았던 건지 이 동아리의 참을 수 없이 하찮고 귀여운 뜻이 좋았던 건지는 알 수 없습니다만 저는 대학 내내 이 동아리 생활에 푹 빠져 지냈습니다.

그리고 제 옆에는 늘 귀엽고 소박한 개그를 잘하는 친구 은우가 있었습니다. 우리는 동아리 갑오개혁 활동을 함께했고, 졸업을 하고는 각자의 길을 갔습니다. 그러다 카페를 개업한다는 제 이야기를 들은 은우가 돕고 싶다며 얼스어스에 합류하게 됩니다. 그리고 많은 손님들이 좋아하는 얼스케이크 네이밍 중 8할은 이 친구에게서 나옵니다.

가게 초기, 얼스케이크라고는 크림치즈케이크 하나뿐이었던 시절에 저는 은우에게 고충을 털어놓았습니다.

"크림치즈케이크만 얼스케이크라고 할 수도 없고, 평범하게 블루베리요거트케이크라고 이름 붙이고 싶지 않은데 어떡하지?"

"요거요거요것봐라아~? 블루베리요거트케이크?"

제 고민을 듣자마자 은우는 그 자리에서 재치 있는 말장난을 쳤습니다. 저는 무릎을 탁 치며, "이거다!"라고 했고 은우는 정말 이걸 메뉴 이름으로 할 것인지 걱정 반 웃음 반인 얼굴로 저를 쳐다보았습니다. 그렇게 '요거요거요거봐라? 블루베리요거트케이크'가 탄생했습니다.

이후 새 메뉴 앞에서는 우리 둘 다 머리를 모으고 열심히 네이밍 고민을 합니다. 유튜브나 예능을 보다가 재치 있는 자막을 보면 마치 새내기 예능 피디라도 된 것처럼 일단 메모장에 적습니다. 하지만 은우는 역시 타고난 친구입니다. 무화과케이크를 만들다가, "뭔가 맛있어서 화가 난다는 식으로 만들고 싶은데 입에 착 달라붙지가 않네" 고민을 던지면 은우 자판기에서 곧바로 이름이 출력됩니다.

"화가난다화가나맛있어서너무화과요거트케이크."

이렇듯 몇 가지 제 아이디어가 들어간 걸 제외하면, 거의 모든 네이밍 작업은 은우에게서 시작됩니다. 한 가지 메뉴에 은우가 여러 이름을 지어주면 그중 하나를 고르거나, 때론 단체 카톡방에 설문을 열고 스태프들의 도움을 받기도 합니다. 이런 건 다수의 눈이 가장 정확합니다.

왜 이런 메뉴명에 집착하는지 누군가 묻는다면, 얼스어스는 처음부터 환경을 말하고 싶어 태어난 공간이라고 답합니다. 지구를 위하는 일을 진지하거나 엄격한 이미지로 이야기할 수도 있겠지만, 저라는 사람의 캐릭터는 그렇지 않습니다. 얼스어스를 만들고 있는 길현희의 유쾌함을 표현하고자 했던 게 바로 이 네이밍입니다.

손님들이 주문할 때면 메뉴 이름을 수줍게 말하거나, 친구들끼리 게임이라도 해서 진 사람이 카운터로 와서 부끄러움을 무릅쓰고 주문을 하기도 합니다. 게다가 저희는 당일 소진된 메뉴에 '멸종'이라고 적어두는데 손님들은 먹고 싶은 디저트가 소진되었다는 소식에 아쉬워하면서도 "멸종이래, 꺄르르" 하며 웃어 보이기도 합니다.

이런 경험으로 일회용품을 사용하지 않는 엄격한 룰이 존재하는 얼스어스를 조금이나마 편안하게 느꼈으면, 그리고 대표인 저를 메뉴 이름만큼 가볍고 유쾌한 사람으로 기억해 주길 바랍니다.

아래는 김은우가 만든 얼스어스 메뉴 네이밍입니다. 오늘도 얼스어스 네이밍은 현재 진행 중이고요!

- 베리베리베스트로베리크림치즈케이크(딸기크림치즈케이크)
- 베리베리스트로베리요거트케이크(딸기요거트케이크)
- 달콤하'고'부드럽'구마'싯는고구마크림치즈케이크(고구마크림치즈케이크)
- 망고많은케이크중에최고케이크(망고요거트케이크)
- (제시의 노래 「눈누난나」 발표 전에 나온 네이밍으로) 눈누난나바나나크림치즈케이크(바나나크림치즈케이크)
- 요거요거요거봐라?블루베리요거트케이크(블루베리요거트케이크)
- 맛있어서초당옥수러운케이크(초당옥수수케이크)
- (피치 못하게 8월에만 나오므로) peach못할8월의요거트케이크(복숭아요거트케이크)
- 화가난다화가나맛있어서너무화과요거트케이크(무화과요거트케이크)

- 후루후루후루룩후르츠산도요거트케이크(샤인머스켓&키위 요거트케이크)
- 한'피스'만'타'악헤'치오'구갈게요?케이크(피스타치오케이크)
- 버선발로나와먹는우유케이크(발로나초코우유케이크)
- 약속해요,과장해서제일맛있어요케이크(약과크림치즈케이크)
- 패션프룻의완성은얼그레이케이크(패션후르츠&얼그레이우유케이크)

함께 가는 길이 좋다

처음 카페를 꿈꾸던 시절, 맛있는 커피를 정성스레 내리고 따뜻한 공간을 제공하는 카페를 상상했습니다. 커피 맛을 모를 때는 공간이 주는 분위기가 좋아서 카페를 찾아다녔고, 대학교 1학년이 되자마자 좋아하는 카페에서 일을 시작했고, 제대로 일을 하고 싶어 바로 바리스타 자격증을 땄고, 주중과 주말에 각기 다른 카페에서 일할 정도로 경험을 빠르게 쌓았습니다. 제가 내리는 커피 맛에 대한 자신도 있었고요.

카페에 방문했다가 맛있게 먹은 음료가 있으면 나름대로 재료를 추측해서 집에서 만들어 먹는 것도 취미였습니다. 때문에 처음 카페를 열면서도 커피를 제외한 음료 메뉴 준비에는 전혀 문제가 없었습니다. 당시 흔하지 않았던 바닐라빈라테, 커피가 아닌 음료 메뉴로는 바닐라티아일랜드, 그린티아일랜드 등 얼스어스에서만 맛볼 수 있는 메뉴도 추가했습니다.

그런 제가 카페를 열면서 가장 중요하게 생각한 건 당연히 원두였습니다. 창업 초기에 디저트 레시피를 재빨리 완성한 것과는 다르게(물론 시즌마다 디저트 메뉴를 새로 정하는 지금은 매우 신중해졌지만요), 원두를 선택하는 데 있어서 꽤나 깊은 고민을 했습니다.

가장 먼저 평소에 좋아했던 맛있는 스페셜티 커피 로스터리 업체 다섯 군데를 선정했습니다. 커피리브레, 앤트러사이트, 프릳츠, 테라로사, 빈브라더스.

업체에 연락하기 전에 그 업체들의 원두를 사용하는 카페들을 방문해서 커피를 맛보았습니다. 사실 모든 업체의 원두는 평균 이상의 훌륭한 맛이었고 제가 어떻게 핸들링하느냐가 관건이었습니다.

다음으로 고려할 사항은 가격이었습니다. 패키지가 귀여웠던 프릳츠는 특히나 가격 면에서 다른 업체들보다 1,000~3,000원 정도 저렴한 장점이 있었습니다. 앤트러사이트는 시음을 위해 본점인 합정점을 방문하기도 했습니다. 패키지도 깔끔하고 맛도 있었죠. 무엇보다 이런저런 설명을 해주시던 마케팅 팀장님의 친절에 저는 모든 마음을 빼앗

겨버리고 말았습니다. 거의 앤트러사이트로 결정할 뻔했습니다.

그러나 최종 선택은 커피리브레였습니다. 처음 전화로 도매 문의를 했을 때 시크하다는 인상을 받았습니다. 더구나 오가며 들르던 연남동 커피리브레의 인상은 '커피를 지독하게 사랑하는 커피 오타쿠' 같은, 서비스나 마케팅보다는 커피의 본질에 집중하는 느낌이었습니다. 커피리브레에서 시음을 위한 원두 몇 종을 보내주셨고 직접 내려 마셔보니 역시 군더더기 없는 맛에 고개를 끄덕였습니다.

그중에서도 커피리브레였던 이유는 얼스어스와 결이 맞는 업체였기 때문입니다. 커피리브레는 사회적 소수에게 관심을 기울일 줄 아는 회사였습니다. 커피 산지 주민들이 오히려 좋은 커피를 마시지 못하는 산업 시스템을 안타까워하며 과테말라에 커피리브레 지점을 내고 산지 내에 스페셜티 커피 보급에 힘쓴다거나, 주로 개발도상국인 커피 산지에 학교를 설립하여 아이들이 교육을 이어나갈 수 있도록 지원을 하기도 합니다.

이런 이타적인 회사의 기조에 마음이 기울었습니다. 얼스어스 1주년 때 커피리브레 원두 봉투를 모아 카드지갑을 만들어 손님들께 나눠드리기도 했고요. 가끔 팝업으로 다른 로스터리 원두를 소개한 적도 있지만, 얼스어스는 7년째 커피리브레를 애용하고 있습니다.

커피리브레의 고객으로 지낸 지 꽤 되었을 무렵, 지금은 없어진 동진시장 쪽 연남동 리브레에서 얼스어스로 가는 지도를 그린 메모지를 들고 한 외국 손님이 찾아오셨습니다. 손님은 유명한 로스터리 카페인 커피리브레에 방문한 뒤, 디저트를 추천해달라고 하니 직원 분께서 얼스어스라는 이름과 리브레에서 얼스어스까지 갈 수 있는 지도를 직접 그려주셨다고 했습니다.

또 한번은 원두 배송 시 박스테이프 말고 종이테이프를 사용해주시면 평생 클라이언트 하겠다며 인스타그램에 커피리브레를 태그해 올린 적이 있었는데, 대표님께서 즉시 종이테이프로 바꿔주시기도 했습니다. 지금은 다른 이슈들 때문에 다시 박스테이프로 바뀌었지만, 그럼에도 평생 클라이언트여야겠다는 혼자만의 충성심이 여전히 존재합니다.

손님들의 꾸준한 발걸음을 위해서 얼스어스 브랜드 인스타그램은 정말 중요한 매체입니다. 계속해서 사람들에게 얼스어스를 각인시키고 노출이 될 수 있도록 합니다. 그러기 위해서는 게시물을 업로드를 하고 나서 조회수가 올라가는 조짐이 보이면 며칠간 업로드를 쉬기도 합니다. 알고리즘의 선택을 받을 시간을 두면 수만 개의 좋아요가 붙기도 합니다.

음식 사진은 맛있게 선명하게 자연광으로

특별히 신경을 쓰는 건 매일 올라가는 사진입니다. 음식 사진의 조건은 무조건 맛있어 보이게 찍는 겁니다. 스태프들에게 제가 항상 강조하는 조건이 있습니다.

<u>계절을 담은 자연스럽고 깨끗한 이미지를 찍자.</u>

- 직사광선× 조명×

- 창가 바로 앞에서 반사광을 이용해 사진 찍기!

피드 전체로 보면 제철과일 덕분에 알록달록하면서도 하나하나 깨끗한 이미지들이 모여 있습니다.

메뉴 설명은 글로 읽어도 맛있게!

벌써 8번째 계절이 돌아오고, 새로운 메뉴가 생기기도 하지만 보통은 작년과 같은 메뉴를 또다시 소개하게 됩니다. 그럴 때마다 고민하는 부분이 있습니다.

- 사람들이, 아니 적어도 단골손님들이 볼 때 표현이 식상하지 않은가.
- 이미 본 것 같은 설명이 반복되지 않는가.

그런 인상을 주면, 얼스어스는 케이크를 더 팔고 싶어 안달난 사람 같아 보일 거라는 저만의 착각에 빠지기도 했습니다. 그러나 저희가 알아야 할 것은 언제나 그렇듯 사람들은 남에게 큰 관심이 없다는 사실입니다. 또 꾸준히 보고 있는 사람들보다 새롭게 유입된 분들이 좋아요도 눌러주고 댓글도 적극적으로 달아줍니다.

누군가는 처음 접하는 케이크와 소개글이기 때문에 절대 생략할 수도, 맛 표현을 간략하게 해서도 안 됩니다. 매해 메뉴를 소개할 때마다 어떻게 하면 더 맛깔나게 표현을 할까, 이 맛을 모르는 분들이 간접적으로 알 수 있도록 어떻게 소개할까 치열하게 고민합니다. 창작자 입장이 아니라, 소비자 입장에서 어떤 부분이 마음에 들고 어떤 부분이 새롭게 느껴질까 상상해봅니다. 저뿐 아니라 얼스어스 스태프들이 맛을 어떻게 느끼는지 이야기를 나누다보면 보다 참신한 표현으로 얼스어스의 메뉴를 자신 있게 소개하게 됩니다.

게시물을 쓸 때면 놓칠 수 있는 우리 제품의 장점을 샅샅이 찾아 한 분에게라도 더 소개해드리자는 마음이 필요합니다.

3

사람을 대하는 진심이 전부입니다

퀄리티 유지가 기본입니다

매일 아침 오픈 준비를 할 때면 조금이라도 긴장의 끈을 놓지 않으려고 노력을 많이 하는 편입니다.

가게 분위기 때문인지 얼스어스가 내건 가치 덕분인지 카페 얼스어스 주인장을 상상할 때면, 지구를 사랑하는 마음을 가진 굉장히 이타적인 사람이자 차분하고 다소곳한 사람일 것이라는 사랑스런 편견(?)을 가진 분들이 많습니다. 하지만 저는 매우 분주하고 덜렁대는 성격에다가 손도 느립니다.

가게 오픈 준비를 할 때 제가 실수를 하면, 같이 일하는 스태프 친구가 식사를 챙기지 못하거나 오픈 전 휴게 시간을 제대로 보내지 못한 채 가게 문을 열어야 하는 상황이 발생합니다. 그러면 하루가 무척 고되게 흐릅니다. 일하는 사람의 컨디션이 좋아야 자연스레 손님에게 좋은 서비스가 제공되기에, 오픈 전에 저는 항상 급한 마음을 누르고 차근차근 일을 해나갑니다.

밖에서 오래 기다린 손님이 가게에 들어오면 감사한 마음으로 커피와 디저트를 제공합니다. 얼스어스를 찾아온 손님이 맛있게 먹을 때면 일이 재밌고 보람을 느낍니다.

집과 다르게 가게에서 만드는 것의 가장 큰 차이는 항상성이라 꼽습니다. 일정한 퀄리티 유지는 카페가 지켜야 할 기본입니다. 가장 편안한 공간에서 제가 여유 있게 만들고 맛보는 음식과 달리, 가게에서는 주문에 쫓기기도 하고 하나하나 직접 맛을 확인할 수도 없습니다. 또 주문이 많아 커피 세팅이나 완성된 케이크 디자인이 마음에 들지 않는데 수정할 시간이 없이 그대로 손님에게 나가야 할 땐 속상하기도 합니다. 커피는 이미 준비된 상황에서, 주문이 많이 밀려 마지막 손님이 거의 30~40분을 기다렸다가 디저트와 함께 커피를 받게 될 거라 예상이 되는 경우에는 커피를 다시 내려야 할지 고민이 될 수밖에 없습니다.

초보 사장 시절에는 이런 실수가 나오면 어쩔 수 없다고 판단해 음료를 그대로 제공했습니다. 그런데 그러고 나면 집에 돌아와 자기 전까지 두고두고 후회가 되었습니다. 머지않아 마음속에 원칙이 생겼습니다.

내가 먹지 않을 커피와 디저트는 손님에게도 제공하지 말자.

우리 가게의 수많은 커피 한 잔, 케이크 하나가 오늘 그 손님이 맛보는 유일한 커피이자 케이크일 수 있습니다. 또 누구보다 맛있게 먹는 걸 너무 좋아하는 사람인 저니까, 저부터 손님의 한 잔, 한 그릇에 최선을 다하기로 결심했습니다. 그때부터 스스로 기준을 정해 80점 이상의 음식은 손님에게 나가고, 이하는 과감하게 다시 만들기로 했습니다. 같이 일하는 친구들에게도 이런 점을 수시로 설명하고 함께 실천하도록 했습니다.

이런 이유로 가게에서 제가 일할 때면 "다시 할게요!"라는 말을 스태프들에게 정말 많이 합니다. 이런 일들을 스태프가 익숙하게 받아들이지 못하면 심적으로 힘들어질 수 있습니다.

'내가 만든 걸 버린다고? 내가 뭘 잘못했나? 사장님은 화가 났을까? 너무 불편하다.'

순간 너무 당황스러워서, 다음 번엔 실수를 하더라도 사장인 제 눈치를 보는 상황을 피하고 싶어 실수를 못 본 체할 수도 있습니다.

가장 중요한 건 손님한테 좋지 않은 컨디션의 커피와 디저트를 제공하지 않는 것입니다. 실수하더라도 빠르게 대처하여 결론적으로 좋은 컨디션의 음식과 서비스를 제공한다면 얼마든지 괜찮아요. 무엇보다 스태프들이 실수를 하는 일에 너무 겁먹지 않도록 유연하게 대처하는 연습, 대표인 저부터 실수를 편히 받아들이고 스태프들 뒤에서 든든히 받쳐주는 것이 중요합니다.

손님을 배려하는 공간은 다르다

아침 9시쯤 가게에 도착하면 가장 먼저 어제 마감하며 빨아 널고 간 손수건을 정리합니다. 손수건을 갤 때마다 향을 맡으면 참으로 기분이 좋습니다(저는 다우니 향을 무척 좋아합니다). 그러고 나서 모자를 쓰고 앞치마를 두르고 케이크를 만들기 시작합니다. 가끔 커피가 너무 마시고 싶은 날이면 10분 정도 조금 더 일찍 출근해서 커피를 제일 먼저 마시기도 합니다. 커피를 무척 좋아하는 저만의 작은 사치죠.

우당탕탕 정신없이 케이크를 만들고 있다 보면 홀 오픈 스태프가 10시에 도착합니다. 오픈 조는 보통 두 사람으로 하모니를 이루듯 함께 오픈 준비를 합니다. 한 사람이 케이크 반죽을 하면 다른 한 사람은 케이크 안에 넣을 과일을 손질하고, 한 사람이 케이크 시트를 케이크 틀에 꾹꾹 눌러 담고 있으면 다른 한 사람은 그 위에 부을 반죽을 준비합니다.

케이크가 완성되면 최소 1시간 반에서 2시간 정도 숙성을 시키거나 굳히기에 들어갑니다. 그동안 한 사람은 주방 정리를 하고 한 사람은 홀을 깨끗하게 정돈합니다. 정리는 깔끔하게 치우는 것, 정돈은 손님이 앉을 자리에 가서 케이크 부스러기, 방석 위 머리카락, 선반 위 먼지 등을 치우며 손님이 편히 머물다 갈 수 있게 주변을 신경 쓰는 것입니다.

한번은 카페에서 일해본 경험이 없던 스태프 친구에게 얼스어스에서 일하면서 생각과 달랐던 점이 있는지 물어보았습니다.

"이렇게 손이 안 가는 데가 한 군데도 없는지 몰랐어요."

얼스어스 지점이 늘면서 스태프들에게 한 가지 부탁했던 것이 있습니다. 부디 모든 공간에 손이 한 번씩은 다 거치게 해 달라고요. 사장이 신경 안 쓰는 공간은 티가 난다는데 우리는 제가 없어도 티 나는 가게가 되지 말자고 당부했습니다.

요즘은 가게 오픈만 돕고 가게에 머무르지 않습니다. 다만 가끔씩 가게에 나가 일하게 되면 손이 닿지 않는 선반 위에 있는 식물에 흙이 촉촉한지, 손님이 앉는 테이블 위쪽 눈길이 잘 닿지 않는 위치의 선반에 담긴 소품에는 먼지가 없는지, 매일같이 생활하는 주방 조명 갓은 잘 닦여 있는지 등을 손으로 매만져봅니다. 오픈 준비를 할 때는 좌식 자리에 놓인 방석이나 테이블 바닥에 머리카락, 케이크 부스러기가 떨어져 있지 않은지 등도 꼼꼼히 살펴보아야 합니다. 화장실에서는 직접 변기에 앉아보고 손님의 손이 닿기 편한 곳에 쓰레기통을 둡니다. 전날 세척해 엎어둔 쓰레기통을 눈에 보이는 위치에 두는 것과 화장실을 이용할 때 편한 위치는 많이 다르더라고요. 그렇기에 꼭 한 번은 앉아 손을 뻗어보고 편한 자리에 쓰레기통을 둡니다.

신경 쓸 일이 많은가요…… 그러나 아직 끝나지 않았습니다. 오픈하기 전에 가게를 갔던 어느 날이었습니다. 더운 여름날도 아닌데 오픈 전부터 에어컨을 켜두고 있길래, 스태프에게 실수로 켜둔 건 아닌지 물어보았습니다.

"에어컨을 안 틀면 너무 습해서 잠깐 켜두었어요. 손님들 계실 때 틀면 너무 추워하길래 미리 30분 정도 작동시켰다가 오픈하면 꺼요."

오픈 준비는 단순히 손님을 맞이할 준비만 하는 게 아닙니다. 손님이 왔을 때 편안히 머물 수 있도록 그에 걸맞은 상태를 갖추는 것을 목표로 합니다. 보통의 스태프들은 손님이 떠난 테이블 정리를 할 때면 행주로 테이블을 닦고 옵니다. 테이블 위에 흘린 커피나 케이크 부스러기를 깨끗하게 닦고 난 뒤에 한 번 더 생각해서 손님이 편안히 머물 수 있는 상태인지 살피는 것까지 신경 써야 합니다. 테이블의 의자 간격을 같게 맞추는 것, 손님이 꺼둔 테이블 위 조명을 다시 켜는 것, 의자에 떨어진 크림을 닦는 것, 테이블이 놓인 공간 안에 음악이 너무 크다면 작게 줄이는 것, 에어컨 때문에 춥다면 다른 테이블 손님들에게 의견을 묻고 에어컨을 끄는 모든 행위를 일컫습니다.

다행히도 저는 혼자 모든 걸 챙기고 가꿀 때보다 지금의 얼스어스가 훨씬 더 마음에 듭니다. 매일 카페 곳곳에 사람 손길이 닿고 있구나를 느끼고 있습니다.

나의 친절이 내가 하는 일입니다

일을 할 때면 저도 모르게 온갖 소리에 귀를 기울이게 됩니다. 보고 있지 않아도 어느 테이블 손님이 포크를 떨어뜨렸는지, 손님이 어디에서 어디로 자리를 옮기는지 금세 알아차립니다. 마치 카페라는 공간과 제가 물아일체가 되듯이 말이죠.

첫 오픈을 하고 본격적으로 친구들의 도움을 받기 전에 2~3주 동안 평일에는 혼자 가게를 지켰습니다. 오픈 준비, 오픈, 주문, 메뉴, 정리, 설거지, 마감, 청소 등 카페 업무의 모든 걸 혼자 해야 했습니다. 밥은커녕 화장실에 갈까 봐 물도 거의 마시지 않고 일했습니다. 감사하게도 오픈하자마자 많은 분들이 찾아주셔서 웨이팅이 생기는 신기한 경험도 하고, 혼자 감당할 수 없던 어느 날엔 잠시 브레이크 타임을 가지기도 했습니다.

2021년 연남점을 리뉴얼하기 전에는 오픈 주방 바로 옆에 손님이 앉는 자리가 있었습니다. 계속해서 피로가 쌓이던 어느 날 저녁, 잠깐의 웨이팅을 기꺼이 기다려주신 두 분이 주방과 가장 가까운 자리에 앉았습니다. 손님이 가게와 주방을 둘러보는 시선은 고개를 돌려 옆을 바라보지 않아도 고스란히 느껴졌습니다. 두 분은 서로의 근황을 나누기 시작했는데 한 분이 목감기에 걸려 컨디션이 좋지 않다고 하는 말을 건너 들었습니다.

잠시 주문이 없는 틈을 타 한숨 돌리고 있던 저는 그 이야기를 듣고 가만히 있을 수 없었습니다. 쉬고 싶은 마음을 누르고 메뉴에 없는 따듯한 레몬차를 가게에 있던 재료들로 만들었습니다. 작은 잔에 건네며 목감기에 좋을 거라고 한마디 덧붙였더니, 손님 두 분은 무척이나 놀란 표정이었습니다.

지금 생각해봐도 손님이 진심으로 걱정되어 한 일은 아닙니다. 차 한잔으로 손님의 감기가 똑 떨어지리라 기대를 한 것도 더더욱 아니었습니다. 그저 가게에서 일하는 사람으로서, 그 말을 듣게 되었으니 제가 조금만 더 힘을 내면 감기에 좋은 레몬차를 드릴 수 있겠다 싶었을 뿐입니다. 그렇게 하지 않았다면 마음에 걸릴지도 모를 일이었으니, 좋은 서비스를 위해서 제가 할 수 있는 일을 해낸 것뿐이었습니다.

훗날 그 손님이, 얼스어스에서 레몬차는 감동이었어, 하고 후기를 남겨주신 걸 보고 안심했습니다. 가게에 대한 좋은 인상을 남긴 것 같아 괜히 뿌듯한 마음도 들었고요.

언젠가 본래의 나와 가게에서의 내가 너무 달라 스스로가 가식적인 건 아닌지 고민했던 적도 있었습니다. 가게 안에서만 친절한 나에게 스스로 거부감이 들기도 했습니다. 엄마에게도 이렇게 못하면서… 친구에게도 다정하지 않으면서… 말이죠.

하지만 이런 행동의 결과가 결국에는 가게에, 그러니까 제 일에 맞는 일이 됩니다. 일을 잘하는 사람이라면 당연히 해야 한다는 생각에 이르자, 손님들에게 친절한 서비스를 제공하는 걸 자연스럽게 받아들이게 되었습니다. 서비스업을 하는 사람이라면 갖춰야 할 마인드나 태도 등이 실제 나와의 거리감에 자괴감이 들어 괴롭다가도, 손님들의 진심 어린 피드백을 받으면서 서서히 마음이 편안해졌습니다.

손님으로 시작된 인연 중에는 사적으로 아주 가까워진 분들도 있습니다. 서로 크고 작은 일들도 공유하고 함께 기뻐하고 슬퍼하며 켜켜이 시간이 쌓여갑니다. 저도 분명 그분들을 진심으로 좋아하고 아끼지만, 그럼에도 하나의 벽을 허물지는 못합니다. 직업인으로서의 나와 실제의 내가 다른 모습에 실망할지도 모른다는 걱정에, 제 모습을 솔직하고 편하게 다 보이지는 못합니다.

누구나 직장에서의 자아와 집에서의 자아가 같을 수 없습니다. 저 역시 마찬가지이고요. 카페에서는 일을 잘하고 싶은 사람이자 서비스업을 잘하는 사람이라면 방문하는 손님들에게 감사해하고 다정한 서버가 되는 게 당연합니다. 얼스어스 안에서의 저와 실제 제가 다른 건 스스로도 참 아쉬운 부분이지만, 이제는 인정하고 열심히 제 일을 잘 해내는 것으로 위안을 삼고 있습니다. 친절하고 다정한 공간 얼스어스 안에서만 볼 수 있는 제 모습입니다.

진심이 통할 때까지 버텨내기

열심히 일하면 일할수록 조금 더 나은 세상을 만드는 일. 저는 그런 일을 찾았고 지금은 그 일을 직업으로 삼아 고군분투하고 있습니다. 제가 열심히 일을 하는 게 아주 조금이나마 사람들에게 혹은 지구 환경에 좋은 영향과 도움을 줄 수 있어 얼마나 감사하고 뿌듯한지 모릅니다. 그것이 저를 움직이는 원동력 중 하나이기도 하고요.

하지만 원하는 삶을 산다고 해서 꼭 행복한 일만 가득한 것은 아닙니다. 때때로 사람들은 '내가 원하는 것 한 가지를 하려면 죽도록 하기 싫은 일 열 가지를 해야 한다'고 말합니다. 카페 업무도 마찬가지입니다. 커피 내리는 게 좋아서 바리스타를 하고 싶었던 저는 아르바이트를 하면서 카페에는 커피를 만드는 일 외에 잡다한 일이 얼마나 많은지 배웠고, 카페를 운영한다는 건 직원일 때와는 또 다른 다양한 문제들과 끝없이 마주해야 한다는 점을 깨우치고 있습니다. 더

구나 얼스어스처럼 친환경 카페라면 운영에 더욱 많은 것들을 신경 써야 하고, 예상치 못한 문제들에 부딪히게 됩니다.

얼스어스 오픈 후 보름쯤 지났을까, 어느 한 손님이 가게에서 가장 단 음료인 바닐라빈크림라테와 세상 꾸덕꾸덕한 얼스케이크(당시에 준비된 것은 크림치즈케이크뿐이었습니다)를 주문했습니다. 얼스어스에 대해 아무 정보가 없었던 손님은 그 음료와 케이크를 함께 먹는 게 입맛에 안 맞았나 봅니다. 이내 손님은 다시 카운터로 왔습니다.

"커피나 케이크나 너무 느끼해서 못 먹겠네요."

카운터를 담당하던 친구는 당황해서 저를 불렀습니다. 분주하게 커피를 내리고 있었던 저는 상황을 잘 몰라 손님에게 다시 한번 어떤 상황인지 물었습니다. 손님은 불쾌한 표정(100퍼센트 일하는 저만의 입장으로 당시 제가 느끼고 기억하는 대로 서술하기에 손님의 의도와 무관하게 왜곡이 있을 수 있습니다)으로 케이크도 음료도 느끼해서 못 먹겠으니 조치를 취해달라고 했습니다. 너무 당황한 저는 당시 머리를 굴려 어떤 방법이 있을까 생각하다 재빨리 천 원의 추가 비용이 드는 샷 추가를 권했습니다. 손님은 샷 추가 주문을 했고, 저는 샷글라스에 에스프레소 한 잔을 담아 제공했습니다. 그때 곁눈으로 보니 손님의 표정은 여전히 좋지 않았습니다.

단 음료와 단 디저트를 함께 주문하면 손님의 취향인가 보다 단순히 생각할 수도 있습니다. 그런데 음료가 어떤 맛일지 잘 모르고 주문한 손님이, 예상과 다른 맛에 당황할 수도 있습니다. 그런 경우의 수가 발생할 수 있음을, 당시 왕왕 초보 사장이었던 저는 잘 몰랐습니다.

그 일이 있고 며칠 뒤 크리스마스가 다가왔습니다. 가게를 오픈하고 뜻밖에도 얼스어스 케이크를 좋아해준 많은 손님들에게 감사한 마음으로 뭔가 재밌고 보람찬 일을 하고 싶었습니다. 곧 오픈 첫해 크리스마스니까 처음으로 얼스어스 홀 케이크를 10개만 만들어 수익금 전액을 기부하는 이벤트를 공지했습니다(당시엔 딸기 홀 크림치즈케이크를 크리스마스 시즌에만 판매했습니다). 그런데 홀 케이크 판매 공지 게시글에 어마어마한 댓글 하나가 달립니다.

손님 케이크와 커피 모두 느끼하다. 맛이 없어 다 먹지 못하고 나왔는데, 음식물 쓰레기 문제는 생각하지 않는 건가. 환경을 생각한다고 마케팅하는 것이 놀라울 뿐이고, 좋은 의도임에도 불편하게 갈 카페는 아니다.(이하 줄임)

당시 저는 적잖은 충격에 가슴이 쿵쾅거려 잠을 잘 이루지 못했습니다. 무엇보다 휴무일에 잔업을 하고, 이벤트 준비를 위해 손품 발품을 팔고 있던 때라, 매우 고되고 힘이 들던 시기였습니다. 모처럼 기대를 건 기부 이벤트에 달린 댓글 하나에 속이 무척 상했습니다. 고심 끝에 손님에게 댓글을 달았습니다.

얼스어스 안녕하세요! 카페에 관심 가져주셔서 감사드립니다. 저는 평소에 가지고 있던 생각을 카페를 통해서 조금씩 실천하고 있는 중이에요. ○○님께서 말씀해주신 것처럼 카페에서 나오는 음식물 쓰레기 역시 환경에 해가 되는 일입니다.
저 역시도 카페 오픈 후 계속 고민하고 있는 부분이에요. 혹시 저에게 이야기해주고 싶은 게 있다면 언제든 카페로 들러 생각을 나눌 수 있다면 좋겠습니다. :)

이때부터 한동안 인스타그램을 일부러 멀리했습니다. 가게를 처음 열 때도 오픈 전날 오후에서야 공지를 했고, 오픈을 하고 나서도 가게에 오라는 말을 하는 것이 늘 편치 않았습니다. 소비를 촉진하는 일이 지구에 도움이 되지 않는

다는 사실을 잘 알기에 편히 오라는 말을 하지 못했는데, 이 일을 겪고는 '마케팅'으로 보일 만한 행동을 하는 게 더 어려워졌습니다.

피드에 달리는 댓글이 무서웠습니다. 댓글이나 DM이 오면 가슴이 심하게 뛰어 잘 살펴보지 못했습니다. 지구를 위하는 가게이기 때문에 받는 날카로운 피드백은 잘해보려던 의욕을 꺾고 가끔 지치게 했습니다. 몇 년 전에는 어느 익명 커뮤니티에 우리 가게 이야기가 올라왔습니다.

> 지구를 생각한다는 ㅇㅅㅇㅅ라는 연남동 카페인데, 케이크를 포장하려면 다회용기를 사 오라고 하더라. 그게 더 큰 쓰레기를 만드는 거 아닌가?

이 게시물에 꽤 많은 댓글이, '내 친구도 거기서 포장하려고 다이소에서 그릇 사감 ㅋㄷ 친환경 콘셉트임' 식으로 달렸습니다. 덜 직설적으로 옮기긴 했지만 대략 이런 류의 댓글이 달리고 있다고, 가게를 애정하는 손님들이 하나둘씩 저에게 그 커뮤니티 사이트를 알려주었습니다.

얼스어스는 단 한 번도 손님에게 그릇을 사 오라고 말하지 않았습니다. 맹세코요. 저는 가게의 매출보다는 지구를 위하는 일이 더 중요합니다. 케이크 하나, 음료 하나 덜 팔아도 오늘 쓰레기를 덜 만든 나를 뿌듯하게 여깁니다. 결국에는 지구를 위하는 이 행동들이 나 스스로를 위하는 일이니까 진심일 수밖에 없습니다.

아직도 그 글을 읽었을 때의 순간이 생생하게 기억납니다. 이런 말을 들을 때마다 조금 억울하기도 하면서 기운이 꺾이는 건 사실입니다. 그렇지만 잘 버텨내는 수밖에요. 좋아하는 일을 하려면 감내해야 하는 부분이라며 스스로를 다독이고 있습니다.

감사한 마음은 그때그때 표현한다

카페 얼스어스를 오픈하기 전에, 저는 '어스어스(영문으로 같은 'Earth us'이지만 당시에는 한글로 어스어스라고 불렀답니다)' 홈카페 인스타그래머였습니다. 홈카페 계정을 성실하게 운영했던 이유 중 하나로는 항상 피드에 애정 가득한 댓글을 남겨주는 분들의 영향이 컸습니다. 날이 갈수록 팔로워 분들에 대한 남모를 책임감이 커져갔습니다.

진짜 카페를 오픈하게 되었을 때, 그분들께 소식을 전하지 않을 수 없었습니다. 사람을 잘 챙기거나 섬세하고 감성적인 사람이 아니었는데도 왜 이런 마음이 들었을까요. 가게를 오픈하며 친구들 그 누구에게도 알리지 않았고 놀러오라는 초대도 해본 적이 없었는데 왜 온라인 너머 그분들에게는 그렇게 진심이었을까요.

평소 눈에 익는 아이디를 가진 분들 한 사람 한 사람에게 DM을 보냈습니다. 취미로 했던 홈카페에서 진짜 카페를 오픈하게 되었으니 혹 여유가 되시거나 근처에 오게 된다면 언제든지 편히 들러달라고요. 그냥 그렇게 해야 할 것 같았습니다.

가게를 오픈한 뒤 인스타그램을 오래도록 팔로우하고 있던 분들이 한두 분씩 방문하고는, 사장님 저 예전부터 팬이었어요, 여기 너무 와보고 싶었어요, 하며 메시지를 보내주었습니다. 그럼 저는 보내주신 마음을 똑같이 전달해드리기 위해 메시지를 열심히 적어 보냅니다. 한 분에게 보낼 메시지에 1시간이 훌쩍 넘어갑니다. 친구들은 그게 그렇게 오래 걸릴 일인지 핀잔을 주지만 저는 몇 분에게 메시지를 쓰기라도 하면, 몇 시간을 보냈습니다.

이렇게 살다가는 실제 제 인생을 제대로 살아내지 못하겠다는 생각이 들 때쯤, DM 확인을 의도적으로 하지 않았습니다. 작게 운영하는 가게의 고충으로 이해해주시기를 바라면서요. 인스타그램 프로필에도 'DM 불가'라고 적어두었습니다. 애써 메시지를 보내주신 분에게 단답으로 성의 없이 보낼 거라면 아예 다른 방식으로 최소한의 소통을 하자고 판단해서였습니다. 간략한 질문들은 누구라도 볼 수 있도록 댓글로 받고 답글을 남기는 형식으로 운영했습니다.

이게 최선이라 믿었습니다.

하지만 진짜 제가 원하는 소통 방식은 아니었습니다. 좋아하는 브랜드를 생각해보면 주인장이 가지고 있는 그 일이나 분야에 대한 소명의식과 손님들에게 얼마큼 애정을 갖고 있는가에 따라 제 마음의 크기가 달라지는데, 제가 하고 있는 소통 방식은 그런 부분에서 한참 벗어났습니다. 하지만 혼자 운영하는 가게에, 일주일에 잠자는 시간을 빼놓고는 가게 일만 했기 때문에 CS시간을 늘리는 건 정말 불가능해 보였습니다. 저는 눈을 딱 감고 어쩔 수 없다고, 매장에서 만나는 손님들에게 최선을 다하기로 마음을 다잡았습니다.

그러다 코로나를 만났습니다. 약 3개월간 모든 카페 내 취식이 불가능했습니다. 그때 저를 비롯한 많은 사람들이 깨달았습니다. 우리가 얼마나 카페라는 공간을 사랑했는지를요.

"밥 먹고 할 게 없어. 카페를 못 가니 어딜 가야 하지?"

손님들도, 카페를 운영하는 저 같은 사장님들도 힘겨운 시간들을 보냈습니다. 일단 포장과 배달로만 카페 운영이 가능하도록 정부 지침이 내려왔는데, 포장 매출이 10퍼센트도 채 되지 않는 얼스어스는 매출이 거의 없다고 할 정도로 힘든 시간이었습니다. 월세를 내지 못하는 것은 물론이거니와 직원들 중 90퍼센트가 무급휴가에 들어가야 했습니다.

홀 취식 금지가 해제되고 나자 아주 조금씩 손님들의 발길이 이어졌습니다. 그때의 안도감과 감사함이란! 돈에 좌지우지되고 싶지 않았고 하루 장사가 잘되고 안 되는 것에 영향을 받고 싶지 않아 매출에 관심을 많이 거두고 살았던 저에게 큰 깨달음을 주었습니다. 가게를 운영을 한다는 건 액수에 민감해야 했고, 단 한 명의 이탈 없이 무기한 기다려 준 직원들에게도 너무 고마웠습니다. 차차 가게를 다시 방문해주시는 손님들에게 진심으로 감사했습니다.

밑바닥을 찍어보니 지금의 평범한 일상이 얼마나 소중한지 모릅니다. 서비스업에 대한 소명의식도 더욱 커졌습니다. 저는 프로필에 써둔 'DM 불가'를 지우고 늦더라도 꼭 답장을 하고 있습니다. 대신 1시간씩 깊은 마음을 담아 보내기보다는 친구에게 말하듯 친숙하고 일상적인 언어로 답합니다.

가게에서는 손님들을 마주하더라도 직접 한 분 한 분에게 저의 이 감사한 마음을 직접 전달하기 어려웠습니다. 그래서 손님이 스토리로 태그하면 꼭 코멘트를 적어 리그램합니다. 인스타그램 스토리로 감사한 마음을 진득하게 담아 올립니다. 제가 손님이었다면 이처럼 피드백을 받는 것이 기쁠 테니까요. 실제로 이렇게 하고 나서 얼스어스를 태그해주는 스토리가 무척이나 많아졌습니다.

유쾌한 걸 좋아하는 저는 가끔 재밌는 댓글이나 DM을 캡처해서 스토리에 올려둡니다. 웃게 해주셔서 감사하다는 인사와 함께 케이크 쿠폰을 드리기도 합니다. 많은 분들이 우리 스토리를 보며, 이런 생각을 하면 좋겠다는 마음을 담아서요.

"여기 참 밝고 재밌는 곳이구나!"

얼스어스에서 동료가 되는 법

저에게는 오랜 시간 함께 일해온 친구들이 많습니다. 설득의 과정을 따로 거치지 않아도 서로의 입장을 이해하는 사이가 되어 더 바랄 게 없는 사람들입니다. 어느덧 시간이 흘러 가게가 3년 차에 접어드니 저와 함께 치열하게 일하던 친구들이 하나둘 지점을 맡아 점장이나 매니저로 일하게 되었습니다. 성품이 좋은 친구들을 신뢰하기에 걱정 없이 새로운 스태프들을 맡길 수 있었습니다. 그런데 얼마 지나지 않아 잡음이 흘러나오기 시작했습니다.

조직 내 문제에는 여러 이유가 있습니다. 새로운 스태프 혹은 선임의 문제, 가게 시스템이 문제일 수도 있고 서로 중요하게 생각하는 일의 우선순위가 달라서 문제가 생길 수도 있습니다. 하지만 어떤 것이 원인이 되었든 그 바탕에는 일을 제대로 해내기 위한 필수적인 소통이 원활하지 않은 게 문제 아닐까 하는 생각에 다다랐습니다.

혼자 가게에서 일하다가, 처음 스태프들을 맞이했을 때의 저는 어떤 마음가짐이었는지 돌아보았습니다. 10대 때 인생의 기로에 놓이는 수능을 앞두고, 한 선생님께서 이런 이야기를 해준 적이 있었습니다.

"시험장에 들어갔는데 나의 앞자리 사람이 심하게 다리를 떨거나 눈에 거슬리는 행동을 할 수도 있어. 그런 상황이면 하루 종일 그 행동이 신경 쓰여서 시험을 잘 못 볼 수도 있겠지. 그러니 시험장에 도착하자마자 제일 먼저 할 일은 앞뒤 수험생들에게 인사를 건네고 친구가 되는 거란다. 그러면 그 친구의 어떤 행동도 이해하고 넘어갈 수 있게 될 것이다."

함께 일하는 것도 마찬가지 아닐까요. 같은 행동을 해도 오래 일한 익숙한 팀원에겐 의문이 들지 않는데 새로 합류한 팀원에겐 물음표가 생길 때가 있습니다. '왜 그럴까? 왜 이런 행동을 하지?' 하며 계속해서 이해하려고 애쓰는 상황들을 마주하게 되면 그것에 신경이 쓰여 일에 온전히 집중하기가 힘들어집니다.

이럴 때 그 팀원이 나의 오랜 친구라고 가정을 하면, 그 친구의 행동 중 절반 이상은 그냥 넘어갈 수도 있게 됩니다.

놀랍게도 생각만 바뀌었을 뿐인데 아무 문제가 되지 않는 것이죠.

다만 아무리 팀원을 친구처럼 생각하더라도 정말 수정되어야 할 부분이 있을 수 있겠죠. 그럴 땐 지적을 하기 전에, "너와 함께 일하는 건 좋아. 그렇지만 아직 일이 익숙하지 않으니 내가 신경써줘야 할 게 많네. 조금 더 노력하자"고 이야기해보면 어떨까요. 고쳐야 할 것은 실수한 당사자가 아니라, 실수한 업무일 뿐이라고 전하는 겁니다.

뭔가 잘못했을 때 크게 혼이 나거나 눈치 볼 일이 생긴다면, 일을 할 때마다 본인도 모르게 긴장을 하게 되고 차라리 도망가고 싶어질 겁니다. 저라도 마찬가지일 거예요. 가게 입장에서도 누군가가 한 실수보다 그 실수로 인해 더 긴장해서 다음 업무를 제대로 해내지 못할 때 더 큰 손해가 됩니다. 얼른 실수를 떨쳐내고 다음 업무를 잘 해낼 수 있도록 하는 게 우선입니다. 실수는 대처를 잘하면 된다는 이야기를 계속해서 전달하려고 저부터 노력하고 있습니다.

저는 일을 하면서 함께 일하는 스태프들 표정에 신경을 많이 씁니다. 집에서도 막내, 집안 전체에서도 가장 막내였던 저는 '넌 어리니까 아직 안 된다' '어리니까 오빠한테 양

보해라' 하는 말을 많이 듣고 자란 터라 어려서부터 스스로 존중받는 것에 대해 민감했습니다. 그래서 저부터 나이가 어린 스태프라 하더라도 자기만의 생각과 방식이 있을 거라고 생각하며 항상 그들의 의견에 귀 기울이려고 합니다. 오히려 저보다 어린 사람 앞에서 더 예민하게 신경을 쓰고 행동하게 됩니다. 잘못 행동한 부분에 피드백할 때는, '대표님이 내가 싫어서 이런 말을 하는 게 아니라 내가 한 실수 때문에 이런 피드백을 하는구나' 하고 받아들일 수 있도록 말입니다.

그래서 잡음이 들려올 때, 평소 이런 저의 노력을 막 선임이 된 친구들에게 전달한 적이 없었구나 싶어 아차 싶었습니다. 2020년에 전 직원을 모아 첫 워크숍을 진행했습니다. 워크숍의 주제는 소통의 목적과 방식이었습니다. 무엇보다 함께 일하는 동료들끼리 갖춰야 할 배려나 생각의 차이 등을 이야기하며 서로 간의 입장 차이를 좁히려고 하는 마음이 우선임을 강조했습니다.

물론 이 한 번의 워크숍으로 대단한 성과를 이룬 건 아닙니다. 여전히 우리는 서로의 말과 태도를 오해하고 트러블도 생기고 급기야 "이 사람이랑 일 못하겠어요" 하는 일도 이따금씩 생깁니다.

하지만 이런 갈등이 생기는 건 자연스러운 일입니다. 물론 빈도를 낮추기 위해 대표인 저는 인내심을 가지고 항상 같은 말을 하는 스피커가 되어야겠지만(가끔 제 자식을 키워도 이렇게만 인내심을 가질 수 있을까 생각하기도 합니다 하하하) 어느 직장이든 완벽한 곳은 없습니다. 또 이런 오해가 풀리면서 다져지는 팀워크야말로 가장 끈끈한 관계가 됩니다. 지금까지 함께 일하고 있는 오래된 직원들은 보통 저와 갈등을 겪고 해소하며 끈끈하게 다져온 친구들입니다. 특히 가장 오래 알고 지낸 김은우와는 초반에 정말 눈물 나게 많은 갈등을 겪었고요. 지금이야 우리 둘 중 하나가 인성이 나쁘거나 도덕적 결함이 있었다면 우린 진즉에 헤어졌을 거라는 우스갯소리를 던지지만요.

대표인 저는 스태프들이 저와 일하는 걸 조금은 불편해했으면 합니다. 친구 관계라면 편함이 더없이 좋겠지만, 직장에서는 언젠가는 더 큰 배움을 위해 떠나기 마련입니다. 그러니 상사는, 인간적으로 좋아는 하지만 긴장감을 늦출 수 없는 불편한 사람이 최고가 아닐까 합니다.

팀워크와 칭찬샤워

2023년 말, 창업 이래 지금껏 경험해보지 못했던 스태프들의 고민 상담이 줄을 이었습니다. 함께 일하는 사이에서 불협화음을 호소하는 문제였는데 아주 공교롭게도 연남점, 서촌점, 성수 얼스케이크베이크샵 세 지점 모두 거의 비슷한 시기에 생겨 굉장히 마음이 쓰일 수밖에 없었습니다. 각 지점에서 힘들어 하고 있는 사람들을 일찌감치 알아채지 못한 미안함에 저 스스로 능력 없는 리더라는 자책을 되풀이하기도 했습니다.

사실 얼스어스처럼 작은 가게가 워크숍을 여는 건 쉽지 않습니다. 일정 장소에 모든 팀원들을 모으기 위해, 가게를 쉬거나 문을 일찍 닫아야 하기 때문이죠. 그럼에도 2020년부터 꾸준히 워크숍을 하고 있는 이유는 단 하나입니다. 워크숍을 할 때마다 눈으로 직접 마주하는 팀워크의 에너지가 정말 크기 때문입니다.

전 직원이 함께 모이는 워크숍은 매년 함께 이야기 나누면 좋을 내용으로 준비합니다.

1. 제로 웨이스트 카페 얼스어스는 어떤 곳인가?
2. 우리는 왜 친절해야 하는가?
3. 얼스어스가 추구하는 서비스업이란?
4. 일이란 무엇이며 일로 만난 사이에서 갖춰야 하는 것은 무엇인가?
5. 얼스어스다움과 얼스어스스러움
6. 얼스어스가 사람이라면 얼스어스의 MBTI는 무엇일까?
7. 얼스어스 페르소나 정하기

이 정도 이야기를 나누면(지금 돌이켜보면 이야기를 나눈다기보다는 저 혼자서 쏟아낸 것 같기도 하네요…) 모두들 꽤 지치기 마련입니다. 그래서 워크숍이 끝나면 바로 재미있는 게임을 시작합니다. 2024년 워크숍에서는 특히 라이어 게임, 마피아 게임, 노래 맞추기, 인물퀴즈 등등 함께 팀 게임을 하며 즐거운 시간을 보냈습니다.

행사 마무리로는 '칭찬샤워(이하 칭샤)' 시간이 있습니다.

사실 앞서 했던 모든 과정은 일명 칭샤를 위한 빌드업입니다. 방법은 간단합니다.

1 칭찬샤워를 받을 사람을 가운데에 앉히고 주인공을 중심으로 나머지 인원은 동그랗게 앉는다.
2 시작점이 되는 사람부터 주인공과 손을 마주 잡는다.
3 주인공을 향해 칭찬을 쏟아붓는다.
4 주인공은 시계 방향으로 옆자리의 사람 손을 잡는다. 차례차례 모든 참여 인원이 주인공을 향해 칭찬을 쏟아내면 주인공을 바꾼다.
5 모든 참여 인원이 돌아가며 주인공을 한 번씩 하면 칭찬샤워를 마친다.

이 게임으로 얻을 수 있는 이점은 두 가지가 있습니다.

첫 번째는 생각지도 못한 참신한 칭찬 방식을 배웁니다. 한 친구가 다른 친구에게 이렇게 말했습니다.

"나는 누가 너랑 싸웠다고 하면 무조건 상대방이 잘못했다고 생각할 거야. 네가 잘못을 할 리가 없잖아."

'넌 성격이 무척 좋아'라는 말을 저렇게 표현할 수도 있구나 배웠습니다. 사람을 칭찬하는 방법은 참 다양합니다.

두 번째로는 워크숍에서 '칭찬샤워'를 하는 이유이기도 합니다. 왠지 모르게 저를 불편하게 했던 친구에게서 제 칭찬을 듣고 나면, 이상하게도 그 다음부터 불편함은 사라지고 제가 먼저 그 친구에게 다가가게 됩니다. 참 신기한 일입니다. 분명 절 안 좋아하거나 사이가 좋지 않다고 막연히 생각했는데, 진심이든 아니든 그 친구에게서 칭찬을 들으니 장벽이 와르르 무너지는 느낌을 받습니다. 워크숍 이후로 더욱 가까운 사이가 될 수 있는 계기가 됩니다.

사실 누군가가 저를 대하는 표정이나 행동에서 쉽게 오해가 생길 수 있습니다. 막연히 '저 사람은 왠지 날 싫어하는 것 같아' 하고 판단을 해버리기도 합니다. 이런 아주 작은 오해들이 쌓여 건잡을 수 없이 그 감정의 골이 커져 있다 하더라도, '칭찬샤워'는 진심이든 아니든 긍정적인 말을 생각하고 서로 이야기하는 게임으로 꽤나 효과가 있습니다.

서로 어떤 오해가 있고, 누가 무얼 잘못했고, 사실 여부를 따지고 판단하기 전에 워크숍에서 서로 재밌는 게임을 하며 한바탕 같이 웃고 떠들다 보면, 신경 쓰이던 상대방에게서 나에 대한 사소한 칭찬을 듣게 되면, 괜히 머쓱해지며 그동안 괜한 오해를 했던 건 아닌지 다시 생각해보게 됩니다. 아주 꽉 닫혀 있던 곁을 상대에게 조금 내어주게 됩니다.

물론 이 방법만으로 얼스어스 내에 완벽한 평화가 찾아오는 것은 아닙니다. 하지만 세상에 트러블 없는 집단이 어디 있으며 완벽한 팀워크는 또 어디 있을까요? 끊임없이 우리가 지향하는 팀워크를 말하고 보여준다면 그에 맞게 바뀌는 사람과 그에 맞는 사람들이 점점 모이게 될 겁니다.

지금의 얼스어스가 그러한 것처럼요.

유연한 태도로 맞이합니다

"어쩌면 진상 고객은 우리가 만드는 걸지도 모릅니다."

가끔 회식을 하거나 월례 줌 회의에서 제가 자주 하는 말입니다.

가게마다 운영 원칙은 모두 다릅니다. 음식을 다 먹은 뒤 식기를 그대로 두고 올 때도 있고, 트레이에 그릇을 모아 리턴바에 두고 와야 할 때도 있습니다. 그럴 때마다 요구되는 행동을 사람들은 따르게 됩니다. 그런데 가만 두어도 되는 것을 애써 갖다주는 손님이 있거나, 반납을 해야 하는데 자리에 그대로 두고 떠나는 손님이 있다면 무척 이상한 행동은 아님에도 경우에 따라서는 진상 고객이 될 수도 있죠.

얼스어스에는 제로 웨이스트라는 큰 원칙을 바탕으로 꽤 독특한 규칙들이 있습니다. 일반 카페에서는 상식적이지 않고 생소하기까지 한 가게의 규칙들로 손님들을 진상 고객으로 만드는 것은 아닌지 우리는 스스로 엄격하게 경계해야 합니다.

얼스어스에는 손님들에게 제공하는 일회용품이 없습니다. 다른 카페에서는 커피를 마시다 자리를 떠야 하니 일회용컵에 담아달라고 요청하는 일이 자연스럽습니다. 하지만 이 단순하고 명료한 일이 얼스어스에 오면 사건이 됩니다. 이런 경우에 만약 스태프가 "저희가 일회용품을 사용하지 않는 가게여서 텀블러를 가져오셔야 포장이 가능합니다"라고 원칙만을 안내한다면 손님은 기분이 언짢아질 수 있습니다. 더 나아가 따져 묻는 손님이 생길 수도 있습니다. 그러면 직원 입장에서는 상대방은 까다로운 손님이 됩니다.

얼스어스에서 일하는 우리는 보편적이지 않은 우리 가게의 룰을 인정하고 손님들에게 때때로 일반적인 서비스를 제공할 수 없음에 죄송한 마음을 우선 표해야 합니다. 이게 사장인 제가 스태프들에게 강제하기에 미안하기도 하고 또 꼭 부탁하고 싶기도 한 태도입니다.

물론 까다로운 손님들이 아예 없을 수는 없습니다. 간혹 아주 난처한 손님들을 마주할 때면 저도 최대한 평정심을 잃지 않고 손님을 응대하려고 노력합니다. 돌아서서 시뻘개진 얼굴을 가라앉히는 건 늘 힘이 들지만요. 그런 손님을 마주할 때면, 인터넷에 얼스어스에 대한 요상한 글이 퍼져 어쩌면 하루아침에 가게를 그만둬야 할 수도 있다는 두려움이 들기도 합니다. 조마조마한 가슴을 부여잡으며 응대한 날이면 집에 가서도 속상한 마음이 해소되지 않아 그 장면이 머릿속을 실컷 헤집어 놓을 때까지 어찌할 도리가 없이 밤을 새우는 날도 있었습니다.

제가 이렇게까지 반응하는 이유가 뭘지 곰곰히 생각해보았습니다. 오픈 초반의 저는 가게와 저 자신을 동일시했습니다. 장점으로는 그 무엇도 허투루 할 수 없다는 것이고, 단점으로는 정말 그 무엇도 허투루 할 수 없다는 것입니다.

매일 최선을 다한 저에게 비난이 들려올 때면 심장에 화살이 박힌 것 같은 공포로 다가왔습니다. 어릴 때 알바를 할 때에도 사장님은 제가 감당할 수 있는 만큼 혼을 내셨고 짧게나마 인턴으로 일을 할 때에도 사수 분들은 제 기분이 상하지 않도록 할 말을 정리해서 피드백을 했습니다. 하지만 익명의 손님들은 달랐습니다. 필터를 거치지 않은 날것의 피드백은 태어나 처음 받아보는 것이었습니다.

차차 가게와 저를 분리하기 시작했던 건 가게에서 근무하는 시간이 점차 줄어든 덕분입니다. 부산에 지점을 내면서 저는 연남동을 떠나 부산으로 내려가야 했습니다. 부산에서 일정 시간 근무하다가 가게가 자리를 잡은 뒤에는 부산에서의 출근도 점차 줄여나갔습니다.

제가 만든 케이크, 제가 만든 커피, 제가 제공하는 서비스 등이 아닌 스태프의 실수에 대한 피드백은 마주하는 게 그리 어렵지 않았습니다. 실수를 했다면 고치면 될 일이라고, 객관적인 시선으로 거리를 두고 단순하게 생각할 수 있었습니다.

적정 거리를 경험하고 나니 그동안 일부 손님들로 인해 느꼈던 불편함이 실은 스스로와 가게를 너무나 동일시해서 생긴 일이었구나 뒤늦게 이해되었습니다. 가게에서 실망하고 돌아가는 손님도 있으면 크게 만족하고 돌아가는 분들도 있을 테고요. 사람이 어떻게 열에 열 번을 다 잘할 수 있을까요. 실망한 손님을 붙잡아 단골로 만들지는 못하더라도 세상이 끝나는 건 아닙니다. 반성하고 또 기회가 있다는 생각으로 다음 손님을 응대합니다.

오픈 초기, 손님 한 분 한 분의 반응에 안절부절 못했던 저에게 한마디해줄 수 있다면, 이렇게 말하고 싶어요.

편안하고 유연하게 대처해도 세상은 망하지 않아!

시스템보다 직원을 신뢰하는 리더

대학 친구였던 은우와 일하게 된 건, 워킹홀리데이를 떠나고 싶은 제 바람 때문이었습니다. 다른 일을 하고 있던 은우가 카페 일에 관심을 보이자, 저는 대학 때부터 꿈꿨던 워홀을 가고 싶어 얼스어스 일을 도와달라고 손을 내밀었습니다. 은우는 흔쾌히 얼스어스에 합류했습니다. 1년 정도 은우에게 업무 인수인계를 하고 떠나려고 했지만, 안타깝게도 6년이 훌쩍 넘은 지금까지 실행에 옮기지 못했습니다.

가게를 잠시라도 떠나는 걸 힘들어한 건 저였습니다. 근무 시간에 짬을 내어 재료를 사러 시장에 가는 것도, 스태프에게 맡겨두고 밥을 먹으러 가는 것도 상상할 수 없었습니다. 오전 9시쯤 출근해서 밤 11시까지 내리 일을 하며 가게를 돌봤습니다. 이렇게 1년쯤 지나고 나니 처음으로 오후 5시쯤 퇴근할 수 있는 날이 일주일에 하루 생기더라고요.

그럼에도 퇴근 이후에도 가게의 모든 일을 공유받았습니다다. 소중한 저녁 시간에 집에 가서 식사를 할 때도 쉴 새 없이 전화가 울렸고 친구를 만나더라도 스태프들 카톡에 답장을 하느라 정신이 없었습니다. 제 눈으로 확인하지 않은 메뉴가 하나라도 손님에게 나가는 것이 불안해 근무 중인 스태프들이 모든 상황을 공유해주길 바랐습니다. 가게에서 제 손길이 닿지 않는 부분은 하나도 없어야 했습니다. 그런 불안 속에서 저는 스태프들을 마이크로매니징 관리를 했습니다.

이렇게 반나절 가게를 비우는 것도 불안한데 어떻게 1년을 다녀올 수 있을까.

결국 서른을 코앞에 두고서야 워킹홀리데이는 제 생에 없다고 생각하며 버킷리스트 하나를 지우게 되었습니다. 대신 열심히 얼스어스를 이끌어나갔죠.

창업한 지 2년을 채울 때쯤 부산점 오픈이 얼마 남지 않았을 때, 저는 생활을 전부 부산으로 옮겨야 했습니다. 그제야 자연스럽게 가게를 비우는 연습을 하게 되었습니다. 2호점이 생기면서 두 지점 모두 저 없이 가게 문을 열어야만 하는 상황이 생겼죠. 하나하나 제가 정해준 대로만 일하길 바라는 건 불가능하다는 결론에 다다랐습니다. 이때 스태프들에게 가장 많이 했던 이야기는 "사장님 없는 티를 내지 말자"였습니다. 일하는 여러분이 스스로 이 공간의 주인이라고 생각해달라는 말을 덧붙였습니다.

직원도 저와 같은 사람입니다. 잘한다고 칭찬하는 것보다 스스로 못하는 점을 발전시킬 때 충족감이 더 채워졌던 시기가 떠올랐습니다. 그러기 위해서 사장님이 믿고 맡겨줄 때, 스스로 죽이 되든 밥이 되든 최선을 다해 책임지려고 했었다는 걸 깨달았죠.

그때부터 서서히 스태프들의 판단에 온전히 맡기기 시작했습니다. 먼저 조치를 취한 후 상황을 공유해주면 피드백을 주었습니다. 어떤 일이 제 생각과 다르게 잘못되더라도 절대 직원에게 탓을 돌리지 않았습니다. "실수하면 고치면 되고 문제가 생기면 해결하면 된다"는 말을 입에 달고 살았습니다.

물론 처음부터 잘 되었던 건 아닙니다. 그중 가장 어려웠던 건 직원의 대처법과 제 생각이 다를 때였습니다. 직원에게 믿고 맡긴다고 해놓고, 나중에 공유를 받은 뒤 다른 피드백을 주니까 먼저 규칙을 만들면 좋겠다는 요청이 왔습니다. 시스템이 없어 힘들다는 이야기였죠.

이참에 시스템을 한번 만들어보자 하고 머리를 쥐어뜯어 가며 규칙들을 세워보았습니다. 하지만 아무리 고민을 해보아도 정답은 없었습니다. 카페는 사람과 사람이 만나는 유기적인 공간인데 A to Z로 규칙을 정한들 예외가 없을 수 없었습니다. 고민 끝에 명확한 규칙보다는 직원들과 제 방법이 다르더라도 그 대처법이 잘못은 아니라고, 받아들이고자 노력했습니다.

- 한 팀원이 커피를 만들다 바닥에 우유를 엎었을 때는 손님의 커피가 너무 늦지 않도록 함께 빠르게 수습하고 주문한 커피를 내어드리는 것.
- 실수로 먼저 주문한 손님의 메뉴가 가장 늦게 나갔을 때는 진심 어린 사과와 함께 귀여운 서비스를 내어드리는 것.
- 일회용기에 포장이 되지 않는 얼스어스에 일회용기를 사온 손님이 있다면 당황스럽지 않게 양해를 구하며 '번거로운 포장법'에 대해 설명하는 것.
- 우리의 태도는 다정하지만 메시지는 분명하게.

이런 규칙들이 대단한 건 아닙니다. 어떻게 보면 당연하고 또 자연스러워 보입니다. 직원이 서로 도움이 되도록 하거나 최대한 손님을 위하자는 보편타당한 메시지에 공감하고 있다면 받아들일 수 있는 자연스러운 법칙입니다.

어떤 상황에서든 직원의 판단력이 틀리지 않았음을 먼저 밝힙니다. 그러고 나서 혹시 더 좋은 방법이 있을지 모르니 다른 의견도 들어보자거나, '제로 웨이스트'라는 우리 가게 특성상 다음 번에는 이렇게 해주면 더 좋을 것 같다고 피드백을 전합니다. 신뢰를 바탕으로 안전함을 먼저 느끼게 하면 피드백을 받는 직원도 한결 마음이 편해집니다.

책 『신뢰의 과학』에서는 이렇게 이야기합니다. 당신이 누군가를 과하리만큼 믿어주면 그 사람은 그 믿음을 현실화하는 방향으로 행동한다고요. 얼스어스는 그 흔한 감시카메라도 없고 금전함에 자물쇠도 없습니다. 저는 제가 없는 가게에서 직원들이 지금 무얼 하고 있는지 궁금하지 않습니다. 그저 믿습니다. 최선을 다하고 있을 거라고. 만약 어떤 좋지 않은 일이 발생했더라도 제가 했어도 더 나은 결과가 나오지 않았을 거라고. 일어날 일은 반드시 일어났을 거라고 생각합니다.

어느 날 카페 후기를 살펴보는데, 출산 막달이 다가오고 있던 손님이 서촌점을 들렀다고 합니다. 자리로 메뉴를 가져다주는 연남점과는 다르게, 서촌점에 진동벨이 울리면 손님이 직접 카운터로 와서 메뉴를 픽업해야 합니다. 하지만 손님의 후기에 따르면 서촌점 직원이 자신이 산모인 걸 알고 자리로 가져다드리겠다고 한 뒤, 메뉴를 가져다주면서 "맛있게 드시고 자리에 두고 가시면 저희가 정리하겠습니다"라고 했다며 감동 받은 마음을 블로그에 정성스레 써주셨습니다.

뒤늦게 후기를 살펴보던 저도 감동을 받았습니다. 만약 A부터 Z까지 깐깐한 매뉴얼이 있었다면 이런 자발적인 서비스가 가능했을까요? 진심을 담아 일하는 직원과 함께 일할 수 있음에 감사했고 또 가게의 운영 방식이 틀리지 않았다는 생각에 저는 안도할 수 있었습니다.

세컨드 브랜드가 준 교훈

2023년 6월 성수에 문을 연 얼스케이크베이크샵은 1년을 채 채우지 못하고 2024년 3월 3일자로 닫았습니다. 그간 세 번의 오픈을 경험하는 동안 큰 성공은 아니었지만 실패한 적이 없어서였을까요, 이런 결말을 받아들이기가 쉽지 않았습니다. 그만큼 힘든 결정으로, 저의 부족한 점이 많음을 인정하고 가게를 정리했습니다.

처음 얼스어스를 시작한 2017년도와 달리, 얼스어스 세컨드 브랜드는 이미 눈이 높아진 F&B 브랜드 사이에서 완성형이었어야 했습니다. 지금은 실패를 인정하고 스스로 이 경험을 깊이 새기려 노력 중입니다.

첫 사업이었던 얼스어스가 잘된 이유를 꼽아보자면 다음과 같습니다.

1. 작은 가게

연남점은 15평 정도 규모에 테이블 9개가 전부였습니다. 커피와 디저트, 손님 응대, 주문, 서빙, 테이블 정리 그리고 설거지까지 모든 걸 혼자 해야 했기에 단 한 번의 러시 타임에도, 어쩔 줄을 몰랐습니다. 혼자 감당하기에 테이블 수(총 24석)가 버거웠습니다.

그런데 뜻하지 않게 제게 너무나도 곤란했던 상황이 가게에는 득이 되었습니다. 한 차례 러시를 경험한 뒤, 도저히 다음 손님을 혼자 힘으로는 감당할 수 없다고 판단했습니다. 쌓여 있는 설거지를 마무리하고 브레이크 타임을 가진 뒤 손님을 받기로 했습니다. 매장에 남아 있는 손님들은 천천히 드시라고 하고 문 밖에서 기다리는 손님들에게는 죄송하다 사과를 드리고 브레이크 타임 뒤 1시간 후부터 다시 가게 문을 열겠다고 적어두었습니다.

나중에 블로그 후기를 보니, 카페에 빈 자리가 많은데 손님을 받지 않는다는 비판도 있더라고요. 그때는 손님에게 제대로 된 서비스를 제공하기 위해서는 그 방법뿐이었습니다. 그런데 의도치 않게 이런 운영이 오히려 이목을 끌게 되었습니다. 생긴 지 얼마되지 않은 가게 앞에 사람들이 모여

'이게 무슨 일이야?' 속닥거리는 모습을 보고 더 많은 사람들이 몰렸고, 결국 이런 상황이 뭉게뭉게(엄청난 파급력이 있던 건 아니었지만) 퍼져 얼스어스를 더욱 궁금한 곳으로 만들었습니다.

2. 이곳에만 있는 시그니처 메뉴

얼스어스를 하기 전, 저는 이곳저곳 수많은 신상 카페를 다니던 사람이었습니다. 그때마다 '시그니처' 메뉴를 꼭 먹어보았는데 만족하기가 쉽지 않았습니다. 어느 순간부터 시그니처를 더 이상 궁금해하지 않았습니다.

얼스어스를 오픈했을 때 카페 시그니처 메뉴를 묻는 분들에게 저는 "시그니처는 없지만 평소 취향을 알려주시면 추천해드릴 수 있어요"라고 대답했습니다. 케이크를 먼저 추천하는 일도 없었습니다. 많이 나가는 메뉴가 무엇인지 궁금해하거나 혹은 케이크를 먹으러 온 손님이 아니라면, 케이크를 먼저 권하지 않았습니다.

그럼에도 자연스럽게 얼스케이크가 얼스어스에서 가장 많이 찾는 메뉴가 되었습니다. 그제야 시그니처는 손님들이 만들어주는 것이라는 걸 알게 되었습니다.

3. 찐팬 모으기

요즘 모든 브랜드의 화두가 바로 '팬 만들기'입니다. 트렌드를 예측하는 이들의 말에 따르면, 앞으로 더욱 작은 브랜드, 틈새 브랜드가 막강해질 것이고 그 이유로는 브랜드의 찐팬들이 더 큰 소비를 하기 때문이라고 합니다. 그러니 브랜드의 팬은 얼마나 소중한 존재들인지 모릅니다.

카페가 되기 전 얼스어스는 홈카페 인스타그램이었다가, 가게 오픈 후 자연스럽게 카페 공식 인스타그램이 되었습니다. 시작부터 많은 팔로워들 덕분에, 제가 하고 싶은 이야기를 카페를 통해 해도 되겠다는 계기가 된 것입니다. 초창기 얼스어스에 관한 블로그 후기를 보면, 인스타그램으로 조용히 지켜보던 분을 실제로 카페 얼스어스에서 보게 되어 신기했다거나 반가웠다는 이야기가 종종 있었습니다. 그러면서 일회용품을 제공하지 않는 일관성 있는 얼스어스의 운영 방침으로, 짧지 않은 시간 동안 얼스어스를 지켜봐온 분들로부터 더욱 큰 응원을 받게 되었습니다. 덕분에 오픈 초반에 아무 기반 없이 가게를 여는 것과 비교하면, 더 많은 분들이 찾아주기도 했습니다.

그런데 이렇게 직접 경험했음에도 불구하고 세컨드 브랜드 얼스케이크베이크샵은 위 세 가지를 모두 무시했습니다.

1. 100평 대형 규모

아담한 공간에서 사장님의 손길과 눈길이 하나하나 닿는 곳을 좋아했던 때와는 다르게, 성수점을 열 무렵에는 손님이 편안하게 일상적으로 오가는 대형 가게를 만들고 싶었습니다. 테이블만 30개 정도 되는 큰 규모였습니다. 더 놓을 수도 있었지만 자리가 다 채워지지 않으면 가게가 활력을 잃을 것 같아 테이블을 더 채우지 않았습니다.

2. 시그니처 메뉴가 없었다

메뉴 선택부터 고객을 고려하지 않았습니다. 우리나라에서는 보통 화이트 치아바타(겉면이 하얀 부드러운 치아바타)를 먹는데, 제 취향껏 바게트처럼 고소하고 산미 없는 브라운 치아바타를 만들고 싶었습니다. 사람들에게 익숙지 않아도 우리만의 시그니처가 되기에 충분하다고 생각했는데, 실제로 팔아보니 빵을 간식으로 먹는 우리나라에서 식사 빵이 인기를 얻기가 쉽지 않았습니다. 간식으로 먹기에는 달지도 않고 자극적인 맛 없이 구수하고 슴슴한 빵을, 어쩌다 한 번이 아니라 자주 먹기란 쉽지 않았습니다. 이후 메뉴에 수많은 변주를 주며 디저트 치아바타를 선보였지만 식사 빵의 한계가 분명히 존재했습니다.

3. 얼스어스의 팬이 곧 얼켐벡샵이 팬이 될 거라는 착각

정말 크나큰 착각이었습니다. 만약 같은 자리에 얼스어스가 100평 규모로 오픈했다면 어땠을까. 그랬다면 운영이 훨씬 나았으리라 생각합니다. 세컨드 브랜드는 팔로워 0에서 시작했기에, 카페 얼스어스의 시작과 다를 수밖에 없었구나, 그 차이가 어마어마했구나 뒤늦게 체감했습니다.

3호점까지 낸 경험과 아예 다른 성수점을 만든 게 무모했습니다. 이전에 만든 세 곳과 다르게 얼스케이크베이크샵은 인테리어도 혼자 맡아서 처음 해봤고 메뉴 역시 이전과 다른 치아바타였습니다. 그럼에도 세 곳이 모두 망하지 않았기 때문에 이번에도 막연히 잘될 것이라 생각하고 똑같은 수순을 밟으며 오픈을 했습니다. 아주 큰 실수였어요.

제 손으로 직접 인테리어를 하며 오래오래 좋은 공간이

되도록 신경 쓴 공간이었지만 1년도 채 사용하지 못하고 영업을 종료하며 철거를 해야 했습니다. 심적으로 정말 힘이 들었습니다. 환경을 위한다는 스스로가 위선처럼 보일 정도로요. 버텨내야 한다, 어떻게든 끌고 가야지 어떻게 이걸 철거를 해, 하는 죄책감으로 가득한 날들이었습니다.

또 좋아하는 회사와 협업하여 예쁘게 나온 패키지 디자인을 잘 활용했어야 하는데 속지나 다른 포장재를 최대한 안 쓰려다 보니, 훌륭한 디자인에 비해 포장 마감이 아쉬울 따름이었습니다. 불필요한 쓰레기를 줄이면서 동시에 심미적인 부문을 챙기고 싶었는데, 스스로 준비가 부족함을 여실히 느꼈습니다.

이전에 오픈했던 곳들과 마찬가지로 입지가 좋지 않은 장소에서, 100평 규모로 대형급 베이커리 브랜드를 새로 여는 일이었습니다. 카페 얼스어스가 지금까지 했던 것과 완전 다른 방식이 필요했습니다. 어떻게 운영해나갈 것인가, 소비자는 우리를(레스 웨이스트 그리고 식사 빵) 어떻게 받아들일 것인가 등 더욱 치열하게 고민하고 예측했어야 합니다. 늦게나마 수습하려고 부던히 애썼던 것 같습니다. 제가 할 수 있는 일이라면, 알고 있는 방법이라면 총동원하며 고군분투했습니다.

어떻게 알았는지, 제가 힘들어하는 걸 알고 엄마에게서 전화가 왔습니다.

"300만 원 정도 여윳돈이 생겨 보내니 급할 때 써라."

저는 마지막이라고 생각하고 얼스어스를 운영하면서는 단 한 번도 해보지 않은 광고도 해보았습니다. 엄마가 준 돈을 모두 광고로 태웠습니다. 광고 효과가 좋아서 드라마틱하게 가게가 잘 되었다면 너무 좋았겠지만 저의 갖은 노력은 끝내 물거품이 되었습니다. 솔직히 아직은 '오히려 잘됐어!' 하는 마음은 들지 않습니다. 그저 제 심신이 괜찮아지길 기다리고 있을 뿐입니다.

브랜드가 성장하기 위해서 확장이 필수적이라고 생각했던 첫 마음을 돌아봅니다. 가게 안에 활력을 불어넣고 싶었습니다. 우리가 무언가를 해내고 있거나 해내는 데 일조하고 있다는 생각을 스태프들과 함께 공유하고 성장하는 기쁨을 누리고 싶었습니다. 외부에서도 우리가 꾸준하게 지점을 늘려가야만 주목해줄 거라 생각했습니다. 지점 간의 시너지로 꾸준히 성장하는 가게라고 인식되면 전체 파이가 점점 넓어질 것이라고요.

시간을 들여 성수점 폐점을 회고해보니, 이 모든 과정이 결국 가게가 살아 숨 쉬는 곳처럼 사람들이 느꼈으면 했구나 깨달았습니다. 자신의 일에 열심히 임하는 활기찬 스태프와 가게에 애정이 있는 손님들, 그리고 꾸준히 찾아주시는 손님들에게 늘 감사를 표하는 사장님까지, 제가 그리는 완벽한 가게는 그런 사람들로 채워져 있었습니다. 지점을 확장하지 않더라도 이상적으로 성장할 수 있는 가게는 이런 모습이 아닐까요.

영업 종료 날, 매일같이 산책 코스로 가게에 들러준 강아지와 함께 오던 손님이 방문해주었습니다. 와인과 마지막 인사를 건네주러요. 그 외에도 많은 분들이 영업 종료를 아쉬워하며 찾아와 인사를 나누었고, 배달 앱 메모에 응원의 인사를 줄줄이 남겨준 일도 기억에 남아요.

더불어 운영 종료임을 일찌감치 알고 있었지만 마지막까지 퇴사하지 않고 함께 버텨준 팀원들도 고맙습니다. 성수점을 오픈했던 일을 저는 절대 후회하지 않습니다. 하고 싶은 걸 했으니 미련이 없습니다. 또 이곳에서 만난 따듯한 손님들과 끈끈한 팀원들 제 맘속에서 오래도록 잊지 못할 거예요.

'잘하는 사람이 이기는 게 아니라 꾸준한 사람이 이긴다'는 말을 몸소 느끼는 요즘입니다. 10년 뒤 20년 뒤에도 지금처럼 얼스어스가 활기를 가진 살아 있는 가게로 남을 수 있다면 그것만큼 대단한 일이 어디 있을까요!

언젠가 과거의 큰 실수가 오히려 복이 되어 돌아온 적이 있습니다. 살아가다 보면 이번 일도 언젠가는 저에게 크든 작은 행운을 가져다주지 않을까 마음을 다독여봅니다.

<성수 얼스케이크베이크샵 종료 공지>

안녕하세여러분! 얼스케이크베이크샵 운영자 길현희입니다:)

지난해 6월, 완벽한 제로 웨이스트가 아니어도 괜찮다는 마음으로 레스 웨이스트 카페 얼스케이크베이크샵을 열었고 많은 분들을 만날 수 있었습니다.

얼켘벸샵은 재활용이 가능한, 무코팅 종이박스와 대나무 또는 밀짚으로 만든 일회용품을 제공하여 탄소발자국을 줄이며 조금이나마 지구에 덜 부담이 가는 가게로 운영되었습니다.

비닐 없이 종이 포장이 가능한 빵으로 기름기가 적어야 했기에 치아바타를 선택하여 담백하고 고소한 브라운 치아바타를 선보였습니다. 유선지를 이용해도 세척을 해야 하기에 빵을 담는 트레이 위에 불필요한 유선지를 없앴습니다. 물티슈 사용을 줄이기 위해 홀과 가까운 곳에 세면대를 두어 손을 씻을 수 있게 했습니다.

국내 1호 제로 웨이스트 카페 얼스어스의 주인장으로 평소에도 용기 내며 살다 보니 운영 초반 포장에 대한 컴플레인을 이따금 받으며 포장에 대한 공부가 너무 부족하구나 하는 반성도 많이 했습니다.

그래서 더 나은 얼스케이크베이크샵이 되어 돌아오려고 합니다. 더 열심히 공부할게요. 그동안 애정해주셔서 진심으로 깊이 감사드려요!

성수동! 안녕!

영업 종료일 : 3월 3일 일요일

영업 시간 : 10시~7시 (브레이크타임 없음)

어쩌면 저보다 더 얼스어스를 사랑하고 아껴주는 사람들이 있어 지금의 얼스어스가 존재하는지도 모릅니다. 소중한 멤버들을 기쁜 마음으로 여러분에게 소개해봅니다. 지면상 다 담지 못한 스태프들에게도 각별한 애정을 전합니다.

동연

동연이는 얼스어스 서촌점을 오픈한 2020년부터 2024년 9월까지 4년을 함께한 직원입니다. 처음 근무를 시작했을 때엔 우당탕거리는 부분도 있었지만 퇴사 전에는 서촌점 점장을 맡을 만큼 너무나 큰 성장을 했던 친구예요. 얼스어스 오픈 초, 음료나 디저트의 디자인을 보면 제멋대로이거나 혹은 자연스러운 모습이 강한데요, 아주 섬세하고 정확한 성격의 동연이를 만나 디자인 퀄리티가 훨씬 높아졌습니다.

입사 초반에 얼스어스에서 막내였던 동연이는 어머니로부터 "카페 일을 언제까지 할 거야?" 하는 걱정스런 질문을 받았다고 해요.

"저는 얼스어스에서 단순히 일만 하고 있는 거 아니라고 했어요."

그 물음에 대한 답으로 동연이는 저에게 얼스어스에 대한 진심을 전했습니다. 그런 동연이기에, 저에게 더욱 얼스어스를 잘 이끌어야 한다는 사명감과 긴장감을 주기도 했어요.

일회용품을 사용하지 않기에 손이 많이 가는 카페여서 스태프들 고생을 하나라도 덜어주고 싶어 제가 의견을 낸 적이 있었습니다. 화장실 쓰레기통에 생분해 비닐을 써보자고 제안했죠. 그런데 동연이가 아주 단호하게 반대하더라구요. 청소는 힘들어도 할 만하다, 생분해 비닐도 결국 쓰레기니까 안 쓰는 게 더 좋겠다고요.

동연이는 퇴사 계획을 거의 1년 전에 제게 말해주었는데요, "메뉴가 바뀔 때, 제가 없어도 절대 혼선이 발생하지 않게 다 정리해둘 거예요"라고 하더니 퇴사를 앞두고 모든 메뉴의 메뉴얼을 정리해 제게 건네주었습니다.

동연이와 함께했던 4년의 시간 덕분에 얼스어스가 더욱 단단한 곳이 되었을 거예요. 언젠가 서로 성장해서 또 어느 지점에선가 반갑게 만날 수 있기를 진심을 다해 바라봅니다.

정현

"왜 이렇게까지 하는 걸까?"

"(약간 인상을 쓰며, 그런데 굉장히 감동을 받은 표정으로) 나도 진짜 모르겠다…"

저와 은우가 정현이를 묘사할 때 항상 되풀이하는 말입니다. '정현이는 어떻게 이렇게까지 열심히 할 수 있을까?' 하는 물음이요.

동연이는 시간이 흐를수록 점점 더 성장하고 끈끈해진 팀원이라면, 정현이는 '아니, 첫날부터 어떻게 이렇게 1초도 쉬지 않고 열심히 할 수 있을까?' 했던 신기한 팀원인데 4년째(햇수로 5년째) 같은 태도로 일을 한다는 게 경이롭기까지 합니다.

단 한 번의 짜증과 화를 내지 않고 누구에게나 나긋나긋한 정현이는 손님들을 잘 돌보고 커피도 맛있게 만들고 케이크 실력도 손색없습니다. 저를 비롯한 모든 팀원들이 정현이를 좋아합니다. 정현이와 함께 일하길 원하고, 믿고 따릅니다.

정현이는 본점인 연남점 점장을 맡아 이끌어주고 있습니다. 하지만 점장이 되기 전에도 가게에 대한 정현이의 마음은 남달랐던 것 같아요. 한번은 여러 직원들이 비슷한 시기에 퇴사를 해 사람 구하기가 어려웠던 적이 있는데, 그때 정현이는 저에게 면담 신청을 합니다.

"사람들이 일하고 싶어 하는 가게가 되려면 이런 점이 바뀌면 좋을 것 같아요!"

정현이는 저에게 가게에 대한 여러 가지 일침을 주었습니다. 저는 까먹을까 싶어 정현이와의 대화를 마치며 메모장에 내용을 적어두고 두고두고 반영했어요.

20대 중반에 만난 정현이는 어느새 20대 후반이 되었습니다. 언제까지 우리가 함께할 수 있을지는 모르겠지만 어떤 형태로든 정현이의 삶에 얼스어스가 함께할 수 있으면 좋겠습니다.

희수

퇴사한 지 매우 오래되었지만 얼스어스 최초의 스태프, 희수를 빠뜨릴 수 없습니다. 연남점을 오픈하고 혼자 근무를 하다 도저히 감당이 안 되어 친구들을 섭외했습니다. 절친한 은우까지 총 친구들 셋의 도움을 받다가 6개월 정도 지나니 아무래도 새로운 인력이 필요했습니다. 구인사이트에 공고를 하고 면접을 보고 처음으로 함께 일하게 된 사람이 희수입니다.

오픈부터 마감까지 제가 혼자 맡아서 했던 곳이었기에, 희수에게는 시간 안에 다 해내기 힘든 부분을 도움을 받는 식으로 함께 일을 했습니다. 워낙 즉흥적이고 무언가 미리 정하는 걸 힘들어하는 제 성격 탓에, 그때그때 필요한 부분을 요청하고 있었습니다.

그러던 어느 날 희수가 오픈 준비 리스트를 작성하기 시작했습니다. 시간대 별로 프렙 준비를 마쳐야 하는 시간, 홀 정리, 화장실 세팅하는 시간, 오픈 10분 전에 향초를 켜고 환기를 한다는 가이드까지, 그리 대단해 보이지 않을 수 있지만 아무도 할 생각을 못했던 명확한 지침서를 희수가 만들었어요.

또 9시에 마감 이후 1시간 동안 하던 청소를 30분만에 획기적으로 끝마칠 수 있는 루틴을 만들어냅니다. 희수는 정말 손에 날개가 달린 팀원이었습니다. 희수 덕분에 가게에 엄청난 효율이 생겼습니다.

함께 일할 때엔 일뿐만 아니라 서로 개그코드도 너무 잘 맞아 매일같이 웃음을 참느라 힘들었던 희수는 손님들로부터 저와 닮았다, 친동생 아니냐는 얘기도 많이 들었죠. 이제는 가게를 떠나 친구가 되어버린 희수는 아주 가끔씩 얼스어스가 너무 분주할 때 도움을 주러 달려옵니다. 저보다 더 가게에 어울리는 사람이에요. 목각 작가가 된 희수의 작품들이 얼스어스에 전시되어 있으니 많이 많이 예뻐해주면 좋겠습니다!

은우

은우는 팀원이자 동생이자 제 친구이기도 합니다. 저희는 같은 동네에서 나고 자라 같은 초등학교를 나왔고 우연히 같은 대학 같은 과 동기로 다시 만나 우정을 쌓아나갔어요.

대학을 졸업하고 각자 회사에 취업을 했다가 제가 가게를 열게 되었고, 대학 때부터 가고 싶던 워홀에 늦게라도 가고 싶어 저를 대신해줄 친구로 은우에게 가게 일을 도와달라 부탁하게 되었습니다(운영 1년차의 저는 걱정인형을 달고 살았던 초보 사장으로 가게를 떠날 수 없는 사람이었지만요).

지금 은우는 얼스어스 전체를 아우르는 일을 합니다. 구인부터 채용, 메뉴 개발, 인스타그램 관리 등 저 혼자 했던 모든 일을 나눠 하고 있습니다. 은우가 없었다면 오늘의 얼스어스도 이만큼 성장하지 못했으리라 장담합니다. 얼마 전 성수점 때문에 힘들어 하던 저에게 큰 위로와 힘이 되어 준 그 고마움을 말로는 다 표현할 수 없습니다.

얼스어스가 은우 인생에 가장 큰 선물이 될 수 있도록, 이 자리에서 언제나 노력할 겁니다.

4

everyday
earth
day

지속가능한 브랜드로 남기

지속하는 힘은 손님으로부터 나온다

20대의 저는 늘 새로운 카페를 찾아다녔습니다. 친하게 지내는 단골 가게 없이 새로 생긴 카페라면 귀신같이 찾아다니는, 마음에 들어도 두 번 가는 일 없는 신상 카페 탐방가였습니다. 맛있는 식당을 발견하면 다음에 또 가기도 했지만 카페는 항상 도전을 하는 편이었습니다. 모든 사람이 다 저 같을 줄 알았던 건 큰 착각이었습니다.

연남동에 얼스어스를 열자마자, 혼자는 감당하기 어려울 만큼 많은 손님이 와주셨습니다. 가게에 온 친구들마다 축하의 말을 건넸습니다.

"부럽다."

"잘되는 것 같아 걱정 없다."

하지만 그때 저는 가장 큰 걱정 근심으로 덜덜 떨고 있었습니다. 지금까지 마포구에 사는 분들 중에 몇 분이나 우리 가게에 온 걸까. 마포구 주민 38만 명이 한 번씩 빠짐없이 왔다 간다고 하면 10년 정도 가게를 유지할 수 있겠네. 아는 가게들만 해도 2년을 넘기기가 어려운데 10년은 고사하고 2년 동안 잘 유지할 수 있을까.

그 다음엔 난 뭘 해야 할까.

가게에 왔던 손님들이 남겨준 좋은 피드백을 볼 때면 더 열심히 하고 싶었습니다. 그렇지만 제가 열심히 일하거나 양질의 서비스를 제공하더라도 한 번 만족한 손님이 또 올 것이라고는 생각해본 적 없었습니다. 초보 사장은 손님의 재방문을 상상도 하지 못했습니다.

오픈부터 마감까지, 휴게 시간, 휴무일도 없이 내내 가게를 돌보던 저는 손님들이 언제 누구와 방문했는지 어떤 메뉴를 먹었는지 곧잘 기억하곤 했습니다. 아무래도 신입사원처럼 모든 일이 처음이다 보니 한 입 먹었을 때 손님의 표정, 첫 마디, 친구와 나누는 맛에 대한 평가 등등 모든 것이 다 귀에 들려올 때였습니다. 몸은 주방에 있어도 신경은 온통 손님들에게 가 있었겠지요.

첫 오픈일로부터 일주일쯤 지났을까요, 얼마 전 다녀간 분이 또 와주었습니다. 한 달 쯤 지났을까, 얼굴이 익숙한 분들이 친구와 함께 찾아주었습니다. 그리고 그 친구 분들 중에서도 두 번, 세 번 방문하시는 분들이 생기더니 어느새 단골손님들이 생겼습니다.

'최애 카페'의 기준이 뭔지 잘 모르겠고, 제가 손님들을 얼마나 만족시키는지 가늠도 하지 못하던 때에 두세 번씩 찾아주는 분들을 보며 저는 조금 안도했습니다.

'내가 만든 커피가, 케이크가 맛있나 보다…!'

때론 눈물이 차오르기도 했습니다. 스스로 너무나 부족한 게 많아서 하루하루 숨고 싶은 마음이 들기까지 했는데 그런 제 고민을 조금씩 확신으로 바꿔준 분들이 바로 단골손님들입니다.

얼마나 감사한 일인지 모릅니다. 감사하다고 표현을 할 때마다 단골손님들은 맛있어서 자주 온 거라고 대꾸해주지만, 그분들은 제가 아무리 힘들어도 다시 일할 수 있는 원동력이 되어주었습니다. 이루 말할 수 없을 만큼 정말 소중하고 감사합니다.

그런 손님들에게 더 잘하고 싶었습니다. 심지어 돈을 받고 싶지 않다는 생각에 늘 메뉴 하나씩 빼고 계산하기도 했는데, 그러면 손님들이 부담스러워서 오고 싶어도 못 온다고 말해주더라고요. 결국 다른 메뉴나 과일을 좀 더 챙겨드리며 마음을 표현했습니다. 그것만으로도 손님들은 너무나 좋아해주더라고요.

"또 오셨네요?"

"잘 지내셨어요? 오랜만이에요!"

"결혼 준비 잘 되어가나요?"

"순산하고 돌아오셨군요! 너무 축하드려요!"

손님들이 가게에 들어올 때마다 연달아 안부를 물으며 정말 행복하다고 느끼는 날도 많습니다. 그럴 때면 우리 가게가 어느 영화에서나 나올 법한 카페가 아닐까 착각에 빠지기도 합니다.

부산에서도 사랑받는 얼스어스가 되길

부산점을 오픈했을 때, 축사와 함께 꽃이 배달되었습니다. 단골손님이 부산 꽃집에 직접 연락해 준비한 이벤트였습니다. 그때 그 카드를 소중히 간직하고 있어요. 정말이지 잊지 못할 추억이 되었습니다.

어느 날엔 직접 만든 샌드위치를, 한여름엔 수박을, 체리를, 옥수수를, 거봉을, 떡을, 또 교환학생으로 1년간 해외에 있다 돌아올 때엔 손님을 꼭 닮은 귀여운 도자기 잔을, 꽃을 좋아하는 손님은 커다란 꽃다발을, 외국생활을 하게 되어 몇 년마다 한국에 돌아오는 손님은 때에 맞춰 돌아올 때마다 귀여운 선물을 건네줍니다(혹여나 단골손님들이 이 글을 보신다면, 꼭 말씀드리고 싶어요. 절대 선물을 바라지 않아요. 빈손으로 편하게 와주세요).

아마 저뿐만 아니라 다른 스태프들도 이런저런 다정한 사연이 쌓인 손님들이 더 많을 겁니다. 이렇게나 소중한 손님들에게 저는 버릇처럼 꼭 이 말을 전합니다.

"자주는 아니더라도 오래오래 보아요."

오래오래 열심히 얼스어스를 지켜야지! 다짐합니다. 우리 손님들을 오래 보기 위해서라도!

얼스어스라는 브랜드의 강력한 지지자

"얼스어스를 하면서 어떨 때 가장 뿌듯한가요?"

이 질문은 마주할 때마다 뭐라고 대답해야 할지 가장 어렵습니다. 답은 거의 매초마다 바뀌고요. 아마도 내일 제게 같은 질문을 던지면 또 다른 대답을 할지도 모르겠습니다. 지금까지 대답했던 걸 떠올려보면

- 스태프들이 얼스어스에서 일하는 게 즐겁다고 할 때
- 스태프들끼리 일하는 모습이 행복해 보일 때
- 손님들이 "와 진짜 맛있다" 감탄하며 맛있게 먹을 때
- 할머니, 할아버지와 함께 얼스어스를 올 때
- 주변 주민들이 "얼스어스가 동네의 자랑이야"라고 말해주실 때
- 얼스어스가 사회에 선한 영향력을 주고 있구나 느낄 때

이 외에 오늘 있었던 일 하나를 자세히 이야기해볼게요.

가게에 앉아 있는데 뒷 테이블에서 손님들의 대화가 들려왔습니다. 한 손님이 맞은편에 앉은 손님에게 얼스어스의 히스토리를 즐겁게 이야기하는 중이었습니다.

"여기는 포장하려면 그릇을 가져와야 돼요. 제로 웨이스트 카페거든."

이 말을 시작으로 곧바로 얼스어스의 시즌별 케이크 메뉴부터 외우기 힘든 케이크 이름 그리고 얼스어스의 서사를 함께 온 지인들에게 쉬지 않고 전했습니다. 얼스어스를 애정하는 손님들 중에는 이분처럼 우리의 행보를 주변 사람들에게 널리널리 알려주는 분들이 많습니다.

한번은 이런 일도 있었네요. 2018년인가 2019년 즈음인가 연남점에서 일하고 있을 때였습니다. 아주 어리고 깜찍한 손님이 이모와 함께 입구에 들어섰습니다. 이모는 가지고 온 그릇을 조카에게 건네며 직접 주문하게 했습니다.

"여기는 그릇을 가져와야만 포장이 가능한 곳이야. 지구가 아파서 일회용품을 안 쓰려고 하는 거야."

손님은 어린아이에게 차근히 설명해주었습니다. 아, 그때 제가 좀 더 너스레를 떨며 감사 인사를 나누었으면 어떨까요. 저에게 선명한 기억으로 남은 손님이지만 더 대화를 나누지 못해 지금까지 아쉽답니다.

한번은 서촌점에서 2층 스태프 휴게실에서 쉬고 있었을 때였습니다. 손님들이 있는 공간과 가까이 붙어 있어서 이어폰을 끼지 않으면 손님들의 대화 소리가 아주 잘 들립니다. 숨어서 엿들으려고 한 건 아니었지만 꽤 자주 단골손님이 지인들에게 얼스어스 이야기를 전하고 자신이 왜 얼스어스의 손님 또는 단골이 되었는지도 설명해주곤 합니다. 번거로운 포장법이 신기하기도 하고 신념이 멋져서 얼스어스를 좋아한다는 이유도 많지만 가장 큰 비중으로 맛이라고 할 때도 많고요.

어떤 이유든지 얼스어스가 손님의 자랑이 될 때마다 너무나 뿌듯합니다. 이렇게 들을 때마다 어김없이 힘든 게 싹 잊히는데 매번 중독처럼 헤어나올 수 없습니다. 이런 순간이야말로 얼스어스를 지속하게 하는 힘인 것 같아요.

카페를 하고 싶은 당신에게

“카페로는 큰돈은 못 벌어. 돈 벌고 싶으면 다른 사업 해야지.”

20대 초반에 아르바이트를 했던 카페의 사장님은 저에게 버릇처럼 말씀하시곤 했습니다.

저는 사실 큰돈을 벌고 싶지도 않았고 카페를 하고 싶지도 않았습니다. 기후변화로 커피 농경지가 사라져 커피가 점차 사치품이 될 거라는 이야기를 듣고, 제가 좋아하는 커피를 통해 환경에 대한 심각성을 알리고 싶었을 뿐이었습니다.

카페 얼스어스를 오픈하고 나서도 매출을 앞세우기보다는 집에서 다회용기를 가져오는 손님에게만 포장이 가능한 방식 등으로 제가 전하고픈 메시지를 뚝심 있게 전달했습니다. 그렇게 하니까 많은 사람들이 주목을 해주었고, 제 기준으로는 제법 크게 느껴지는 돈도 벌리기 시작했습니다.

그럼에도 카페를 하는 사람으로서 잊어선 안 되는 사실이 있습니다. 카페는 사람들이 무언가 먹고 마시기 위해 찾는 곳입니다. 식음료를 파는 곳에서 가장 기본적인 '맛'이 없었다면 지금의 얼스어스는 존재하지 않았을 것이고 어디서도 맛보지 못할 얼스케이크가 없었다면 번거로운 포장법 역시 존재할 수 없었습니다.

남들보다 뛰어난 커피를 다루는 능력 또는 디저트 감각이 있다면, 그것을 바탕으로 우리 브랜드를 찾는 고객에게 어떤 메시지를 전달하고 싶은지 찾아야 합니다. 그리고 그 메시지를 어떤 방식으로 보여줄 것인지 열심히 고민해보면 좋겠습니다.

우리나라 자영업 중 치킨집보다 카페 수가 3배 더 많다고 하죠. 한 집 건너 한 집이 카페가 아니라 한 집 바로 옆집이 카페인 풍경도 흔합니다. 처음 오픈하고 2년 동안은 얼스어스에 제 노동력을 최대한 동원했습니다. 그러다 매장 수가 늘어나고 가게가 있는 지역도 달라지면서, 운영 업무를 위해 더 이상 제가 가게에서 플레이어로 일하지 않게 되었습니다. 그리고 제 몫의 인원을 늘리고 나니 인건비가 얼마나 부담이 되는지 깨달을 수 있었습니다.

카페를 운영해보면 모두들 밖으로 나가고 싶어 하는 환절

기나 폭염, 폭설과 같은 날씨에 가게 매출은 자주 널뛰니다. 그런 시기에는 제 수입이 남지 않을 때도 있습니다.

돈에 맞춰서 일하면 직업이고 돈을 넘어 일하면 소명이다.

제 맘속에 새기고 있는 김구 선생님의 말씀입니다. 힘들 때도 지치지 않고 얼스어스 운영을 계속할 수 있었던 이유는 '제로 웨이스트'라는 소명의식이 있었기 때문이에요. 꼭 카페가 아니라 어떤 일을 하더라도 본인이 하는 일에 대한 분명한 소명이 있다면, 우리는 그 일을 완주해낼 수 있을 거라 믿습니다.

자랑하고 싶은 사람으로 남기

새로 근무하게 된 스태프와 함께 일을 하게 되면 머릿속이 묻고 싶은 질문으로 가득 찹니다. 손으로는 열심히 케이크를 만들면서도 같이 오픈 준비를 하는 부엌 반대편에 있는 저 스태프에 대해 하나라도 더 알고 싶어집니다. 제일 친한 친구들과 있을 때는 어떤 모습일지, 이전 직장에서는 어떤 사람이었는지, 학교생활은 어땠는지, 더 어릴 땐 어떤 모습이었는지 모든 게 궁금해집니다. 그래서 이것저것 묻게 되고, 매일같이 오픈을 함께 하다 보면 어느새 그 친구의 일대기를 모두 알게 된 기분이 듭니다. 얼마 지나지 않아 알고 지낸 시간과 상관없이 오래 본 친구처럼 느껴지고요.

입사한 지 얼마 안 된 스태프로부터 아주 사소한 개인적인 질문을 받으면 기분이 좋습니다. "김치찌개가 좋아요, 된장찌개가 좋아요?" 같은 질문이라도 관심을 받는 것 같아 입꼬리가 슬쩍 올라가는 건 어쩔 수가 없네요. 기본적으로 사람을 좋아하는 편인 저는 무언가를 같이 해내며 함께 얻는 성취감도 무척이나 소중하게 여깁니다. '일로 만난 사이'라거나 '가족 같은 회사는 없다'는 말에 동의하면서도 함께 일하는 사람들끼리 으쌰으쌰 하는 훌륭한 팀워크 문화를 좋아합니다.

일단 함께 일하는 사람이 좋으면 출근길도 발걸음이 가벼워집니다. 아무리 체력적으로 에너지가 고갈되어도 팀원 덕분에 힘이 나기 마련이죠. 서로 호감이 있는 관계로 일을 하다가 시간이 쌓이고 신뢰를 얻게 되면 자연스럽게 본인 이야기를 하기도 하고 더 나아가 고민을 털어놓기도 합니다. 이런 관계가 되면 마음이 절로 충만해집니다.

저에게 얼스어스 스태프 친구들은 한 사람 한 사람 직접 면접을 보고 뽑은 사람들이자 과장을 조금 보태면 제 열 손가락 같은 존재들입니다. 정말이지 신경이 쓰이지 않는 사람 하나 없고 모두에게 부담스러울 만큼 큰 관심을 보냅니다. 가끔은 저의 과도한 질문 세례가 부담이 된다는 친구들도 있고, 저 또한 이런 제 성향 때문에 그들이 원하지 않을 불필요한 에너지를 많이 낭비하는 편입니다. 관계를 맺은 사람에게 한없이 약해지는 사람이라 같이 일하는 사람이자 대표로서 어쩌면 이런 기질은 좋지 않은 것 같기도 해요. 하지만 모두를 귀하게 생각하는 제 성향 덕에 스태프들 사이에서 비교적 큰 문제 없이(물론 아예 없을 수는 없겠지만요) 물 흐르듯 잘 넘어온 것 같습니다.

짧은 시간이든 아주 긴 시간이든 얼스어스를 떠나게 된 스태프들에게 저는 자랑하고 싶은 사람으로 남으면 좋겠습니다. 아주 대단한 이야기는 아니더라도, 자격증을 땄다거나 취직을 했다거나 혹은 결혼을 한다거나 하는 소소한 자랑을 하려고 굳이 연락을 주고 싶은 사람으로 저를 언제든 찾아주길 바랍니다.

완성형 리더보다 성장하고 있습니다

지난가을, 제가 너무 아끼고 좋아하는 스태프가 매출과 직결되는 큰 실수를 한 적이 있습니다. 바로 질책하기보다는 왜 그렇게 되었는지 먼저 물었고, 다음 번에는 실수하지 않도록 복기하는 시간을 가지라고 했습니다. 그런데 다음 날 또 비슷한 실수를 하고, 며칠에 거쳐 또다시 자잘한 실수를 해버렸습니다. 스태프 실수가 반복될 때면 저도 모르게 이런 생각이 듭니다.

'처음 실수를 했을 때 따끔하게 지적했다면 그 다음 날은 실수하지 않게 되었을까?'

저의 지시가 불명확하고 부족한 탓인지, 어떻게 이끌면 좋을지 꼬리에 꼬리를 물고 여러 생각이 찾아옵니다.

두 번째 실수를 저질렀을 때, 저는 전에 없던 호통을 치며 크게 질책을 했습니다. 의기소침해지는 스태프의 목소리를 들으며 대화를 마쳤습니다. 이후 그 친구를 나무란 것이 마음에 계속 걸려 가슴이 답답해지고 기운이 없었습니다. 저와 가까이 지내는 다른 스태프가 다가와 저에게 조심스럽게 말했습니다.

"사장님이 지금 성수점 때문에 많이 힘들어서 평소에 하지 않던 행동을 했던 것 같아요. 그게 아니었다면 이렇게까지 화를 내지 않을 사람이니까요."

이 말을 들으면서도 저는 똑같이 화를 냈을 거라 생각하니 씁쓸했습니다. 한편으론 그렇게 그릇이 작은 제가 스스로 탐탁지 않았습니다. 만약 제 상황이 힘들어서 다른 사람에게 부정적인 영향을 주었다면 그 또한 스스로에게 실망할 일이었습니다.

제가 누군가에게 호통을 친 일이 다른 영향이었을지 여전히 모르겠으나, 크게 화를 낸 그 일이 죄책감으로 트리거가 된 것은 분명했습니다. 지금껏 꾹꾹 참아왔던 세컨드 브랜드 성수점에 대한 부담감까지 터져, 어쩌면 번아웃이 온 걸지도 모른다는 두려움이 덜컥 찾아습니다. 잠시 가게와 그 안의 사람들로부터 떨어져야 했습니다.

그날 당장 혼자 운전을 해서 치악산이 있는 강원도 원주로 달려갔습니다. 운전하는 동안 우연히 흘러나온, 아이유의 「마음을 드려요」 속 노랫말이 눈물샘을 자극했습니다. 세컨드 브랜드가 어떤 이유에서 저와 만났고, 함께했고, 앞으로 사라지더라도 제 곁에 의미 있게 남으리라는 말처럼 들려왔습니다. 이 글을 쓰는 지금도 눈물이 울컥 차버리는 노랫말입니다.

이날 저는 2시간 동안 차 안에서 그 누구의 방해도 연민도 받지 않고 큰 소리로 엉엉 울었습니다.

치악산에 도착한 직후 바로 산으로 향했습니다. 평소 관악산을 어렵지 않게 올라가는 편이기에 어려울 것 없지 하는 만만한 마음으로 비로봉 코스로 등반을 시작했습니다. 평소 물을 마시면 곧장 화장실을 잘 가는 정직한 타입이라 혹시 곤란한 일이 생기지 않을까 싶어 물통도 챙기지 않았습니다. 원주 전통시장에서 아침을 든든하게 먹은 터라 간식도 일절 챙기지 않았고요. 한 손에는 핸드폰, 다른 한 손에는 카메라만 들려 있었습니다. 산 입구에 걸려 있는 '사망사고 1위! 심장돌연사!' 경고를 본체만체 올랐는데…… 무려 8시간 만에 아래로 내려올 수 있었습니다. 중간에 목이 말라 이러다 죽을 수도 있겠다 싶으면서도 그저 악으로 깡으로 무작정 정상까지 올랐고, 내려오면서 후들거리는 다리를 진정시키느라 꽤나 고생했습니다.

그 다음 날 저는 걷지 못하는 상태가 되었습니다. 그런 제 모습이 너무나 웃기고 하찮았습니다. 울며 불며 슬픈 멜로로 시작했던 여행이 끝내 코미디로 끝나는 모습이 저답게 느껴져서 한결 기분이 상쾌해졌고요.

혼자만의 시간을 보내며 저의 한계를 돌아봤습니다. 평소에는 친구도 적지 않은 편이고 어렸을 때부터 사람들과 어울리는 걸 더 선호하는 사람입니다. 그런데 한 번 실망한 사람에게는 쉽게 이전의 관계로 회복하지 못합니다. 아무리 노력해도 해결이 안 됩니다. 그런 저를 나이가 들면서는 그저 받아들이고 있습니다.

그렇지만 사장과 직원 관계에서는 더더욱 이래선 안 되는 것이었습니다. 머리에 나는 김을 조금이라도 빨리 식히기 위해 훌쩍 떠났던 길. 혼자 생각도 하고 특히나 원주의 맛있는 음식들을 맛보니 조금은 마음의 여유를 되찾았습니다.

서울로 돌아오자마자 애정해 마지 않는 스태프 친구에게 면담을 요청했습니다. 입맛이 독특한 그 친구가 좋아할 만한 메뉴가 있는 레스토랑을 찾아 약속을 잡았습니다. 맛있는 음식을 먹으며 이야기하면 아무리 어려운 소재여도 대체로 대화가 술술 풀린다는 게, 다년 간의 면담에서 얻은 꿀팁입니다. 그래서 더 맛있게 먹을 만한 메뉴를 공략했던 것도 있고요.

제 단점을 누구보다 가장 잘 알고 있는 저는, 실수가 발생한 상황에서 대표로서 화가 났다고 그것을 스태프에게 표현한 건 제 성격적 결함이라고 스스로 인정했습니다. 그 친구 탓으로 돌리고 싶지 않았습니다. 다행히 시간이 조금 지난 뒤여서인지 이런 속마음을 들키지 않고 우린 대화를 좋게 끝마쳤습니다. 지금도 언제나처럼 그 친구는 최선을 다해서 얼스어스에서 열심히 일하고 있습니다.

한 가게를 운영하기에, 팀원들을 담아내기에 제 그릇이 너무 작은 건 아닐까 할 때면 저도 모르게 의기소침해지기도 합니다. 그럼에도 한 가지 정말 다행인 건, 유년 시절부터 스스로의 단점을 파고든 시간이 있었다는 겁니다. '나는 왜 이럴까' 하는 생각만으로 하루 온종일을 보낸 시기가 있어 지금은 스스로를 컨트롤하는 방법을 익힌 뒤라 다행입니다. 어쩌면 제 인생에서 저라는 사람을 공부한 지난 시간들

속에서 가장 농익은 지식을 쌓은 게 아닐까 생각도 해봅니다. 앞으로도 이런 저를 잘 데리고 좋은 스태프들과 오래오래 얼스어스를 잘 꾸려가고 싶고요.

팝업스토어를 열어도 지켜야 할 원칙

얼스어스가 처음 팝업을 한 곳은 번거로운 포장법의 가치를 알아봐준 무인양품이었습니다.

무인양품에서 온 첫 제안은 얼스케이크를 납품해달라는 것이었습니다. 감사한 제안이지만 일회용품을 쓰지 않는 우리에게는 고민할 거리가 너무나 많았습니다. 어떤 형태의 포장지에도 얼스케이크를 감쌀 수 없다고 생각해 첫 제안을 거절했습니다. 얼스어스의 찐팬들도 이 결정을 옳다고 여길 거라 생각했고요.

첫 번째 협업이 무산되고 꽤 오랜 시간이 흐른 뒤, 무인양품은 정말 감사하게도 다시 한 번 좋은 제안을 주었습니다. 이번에는 얼스어스의 번거로운 포장법 그대로 무인양품에서 팝업을 여는 것이었습니다. 무인양품 측은 그릇을 가지고 오는 손님들에게 케이크를 판매하는 것 외에, 무인양품에서 그릇을 구매하면 바로 케이크를 담아갈 수 있도록 해서 매출을 조금 더 올려보자는 의견을 주었습니다. 그렇지만 저는 이번에도 굳건히 불필요한 그릇 구매를 지양하고 싶다며 용기를 집에서 가져오는 분들에게만 포장 판매를 하고 싶다고, 얼스어스의 원칙을 고수했습니다.

그렇게 2021년 2월, 이틀간 무인양품 영등포 타임스퀘어점에서 얼스어스 첫 팝업이 시작되었습니다. 무인양품 쪽에서도 홍보에 힘을 실어주었고 우리도 얼스어스 피드에 열심히 홍보를 한 결과 많은 분들이 집에서부터 그릇을 들고 와 얼스어스 팝업에 줄을 이었습니다.

평소 지켜보던 얼스어스가 가까운 백화점에서 팝업을 해서 기쁘다고 말을 건네주는 손님들이 대부분이었습니다. 얼스어스 피드를 보고 일부러 발걸음을 해준 분들이 아니었다면 준비한 케이크가 거의 남았을지도 모를 일이었습니다.

생각보다 많은 분들이 찾아주셨지만 백화점 내 유동 인구 중 무인양품으로 유인되는 고객들 대부분이 얼스케이크를 구매할 수 없었기에 판매가 순조롭게 이어지지는 않았습니다. 시간이 흘러도 가득 남아 있는 쇼케이스 속 얼스케이크를 본 무인양품 측에서 무지 카페에서도 케이크를 팔자고 제안해주었습니다. 카페 안에서 케이크를 먹을 수 있게 되자 갑자기 주문이 물밀듯이 밀려왔습니다. 우리는 그날 케이크를 완판할 수 있었고 무인양품에서도 팝업으로는 매출이 가장 많은 브랜드 중 하나라고 귀띔해주었습니다.

단 이틀간의 팝업으로 저는 얼스어스가 팝업과 어울리지 않는 곳이라는 사실을 배웠습니다. 팝업에는 정말 많은 비용이 들어갑니다. 작은 매대를 꾸미는 일부터 짧은 기간이라도 우리와 가치관이 맞는 스태프를 구하는 것까지, 신경 쓸 일만 따지자면 운영 매장이 하나 더 늘어나는 것이기도 합니다. 그런데 얼스어스의 번거로운 포장법으로는 매출의 한계가 명백히 존재합니다. 우리는 이틀 동안 케이크를 완판하고 매출도 높았지만 인건비와 재료비, 수수료를 제하고 나니 수익이 거의 남지 않았습니다. 좋은 경험과 큰 배움이 있는 기회였다고 생각하며 마무리 지었습니다.

몇 년 후 더현대 서울이 여의도에 오픈했습니다. 이때를 기점으로 패션이나 F&B 등 모든 업계에서 팝업이 대세가 되었습니다. 얼스어스도 거의 모든 백화점에서 팝업 제안을 받았지만 짧게는 2주, 길게는 6개월 정도 팝업을 진행하기 위해서는 부스 인테리어 시공에, 인력도 더 많이 필요했습니다. 분명히 수익이 나지 못할 텐데 인테리어 철거 폐기물까지 발생하는 일은 얼스어스의 운영 취지와 맞지 않는다고 판단했죠. 그렇게 모든 팝업 제안을 미련 없이 거절해왔습니다.

가끔은 많이 아쉽기도 합니다. 팝업을 할 수 있었다면 분명 지금보다 높은 매출을 낼 수 있을 테고, 얼스어스가 있는 지역 외 다양한 고객들에게 우리를 알릴 수도 있는 좋은 기회였을 겁니다. 인지도도 높이고 브랜드 또는 인적자원에 더 많은 투자를 할 수 있었을 걸 생각하면 아쉬운 마음이 드는 건 어쩔 수 없습니다.

앞으로 얼스어스는 조금 더 열린 방향으로 고민해보려 합니다. 요즘은 편의점과 로드샵의 콜라보가 많은데 이 부분에서 생분해 포장이 가능하다면 시도하는 식으로 말입니다. 물론 고민 끝에 결국, 난 안 되겠어 하는 뻔한 결론이 또 지어질지도 모릅니다만 전보다는 아주 조금 열려 있는 지금의 제 마음을 이렇게나마 기록해봅니다.

그런 아쉬운 마음이 늘 남아 있던 중에, 얼스어스의 세컨드 브랜드 얼스케이크베이크샵을 성수에 오픈했을 때 2주만에 팝업 제안을 받았습니다. 얼마나 준비할 게 많고 힘들지 한눈에 그려졌지만 한 번쯤 팝업에 도전해보고 싶은 의욕이 앞섰습니다.

우리는 바로 팝업 준비에 들어갔습니다. 얼켁벡샵(얼스케이크베이크샵)의 얼굴이 되어 백화점에서 손님들을 마주할, 우리와 비슷한 결의 사람들을 인스타그램을 통해 모집했습니다. 그 기간 동안 빵을 만드는 데 도움을 줄 사람들도 더 채용했습니다. 그렇게 2023년 여름의 끝자락, 제 인생 처음으로 포장이 가능한 팝업을 경험했습니다.

얼켁벡샵은 완벽한 제로 웨이스트가 아니어도 괜찮다는 슬로건을 가진 레스 웨이스트 카페입니다. 포장이 가능하되 비닐이나 플라스틱을 제외한 종이나 대나무, 밀짚으로 만든 포장재를 사용해 탄소 배출량을 줄여 지구에 부담을 줄이면서 매출에서도 뒤떨어지지 않는 사업 모델이었습니다.

매장에서 포장할 때에는 기름기 없는 기본 치아바타는 속지 없이 종이 사각 봉투에 담습니다. 크림치즈나 버터 등 내용물이 들어가 기름이 묻어나오는 치아바타는 속지에 감싼 후 종이 봉투에 담습니다. 또한 종이 박스를 추가하고 싶다면 최소한의 추가 비용을 받아 포장재가 이유 없이 남용되는 걸 막도록 했습니다.

'최소한의 포장이 최고의 포장'이라는 신념을 가지고, 2주라는 짧은 기간이지만 용기 내어 얼켐벡샵의 팝업스토어가 백화점에 입점했습니다. 그리고 오픈한 지 채 몇 시간도 지나지 않아 생각하지 못한 컴플레인이 들어왔습니다. 기본 치아바타를 구매한 손님이었는데 달랑 종이 한 장에 넣어주었다며 무려 백화점에서 구매한 것인데 실망이 크다는 내용이었습니다.

처음 얼스어스를 열었을 때 맞닥뜨렸던, 번거로운 포장법이 환영받지 못했던 그때 그 불만이 다시 발생하리라고는 생각지 못했습니다. 그때보다 환경을 더 생각하는 사회 분위기가 되었으니 아무리 백화점이라고 하더라도 우리의 최소한의 포장법을 자연스럽게 받아줄 거라고 예상했습니다. 빵 하나를 사면 속지에 돌돌 말아 손에 쥐어주는 유럽처럼, 내용물 자체를 중요시 하는 우리의 방식을 이해할 거라 믿은 건 우리만의 큰 착각이었습니다.

그 다음 날부터 즉시 포장법을 바꾸었습니다. 얼스어스의 방식을 이해시키기에는 오랜 시간이 걸리는데, 팝업은 단 2주뿐이었습니다. 얼스어스도 얼켐벡샵도 결국엔 서비스를 제공하는 곳입니다. 소비자가 없다면 존재할 수 없습니다.

이런 피드백 하나하나를 허투루 들을 수 없었습니다.

그럼에도 제 생각 자체를 바꾼 것은 결코 아닙니다. 여전히 최소한의 포장이 최고의 포장이라고 생각합니다. 얼스어스의 번거로운 포장법이 지금은 너무나도 자연스럽게 받아들여지는 것처럼, 때가 오길 천천히 기다리고 있습니다.

가치를 담는 브랜드와의 협업

얼스어스를 열고 첫 봄을 맞이했을 때였습니다. '세상 모든 사람이 나무를 심을 수 있는 방법을 만들자'는 슬로건을 내건 사회적 기업 트리플래닛에서 첫 콜라보 제안이 들어왔습니다. 당시 이런 경험이 전무했던 저는 어리둥절한 마음이었다가 이내 호기심이 솟았습니다. 잔잔한 분위기의 얼스어스에서 어떤 이벤트가 열릴지 무척 궁금했습니다.

트리플래닛이 만든 콜드브루 커피 〈myf〉가 판매되면 빈곤한 커피 농가에 커피나무를 한 그루씩 심는 취지의 콜라보를 제안해주었습니다. 유리병에 담긴 콜드브루를 식목일인 4월 5일부터 6일 양일간 얼스어스에서 판매를 했습니다. 의미 있는 첫 콜라보를 마치고 나니, 얼스어스에 꽤 많은 곳들이 협업 제안을 주었습니다. 스타일쉐어, 이니스프리는 상품 론칭 이벤트로 손수건이나 텀블러를 증정하기도 하고, SK, 아웃도어브랜드 대너, 팀버랜드와는 브랜드 바이럴 영상을 촬영하기도 했습니다. 이중 팀버랜드와는 기획 인터뷰로, 일회용기를 쓰지 않는 얼스어스를 비롯해 각자의 방식으로 환경을 생각하고 일하는 브랜드 이스트오캄, 한손한땀, 제제상회와 함께 소개되었습니다.

매거진아침과는 구독자분들이 다회용기를 들고 방문하면 디저트를 담아드리는 이벤트를, 가장 최근에는 세계 일회용 비닐봉투 없는 날(매년 7월 3일)에 당근마켓과의 협업으로 이벤트 시간을 미리 공지하고 다회용기를 들고 오는 분들에게 미리 준비한 한정 수량의 케이크를 선착순으로 무료로 제공했습니다.

얼스어스와 협업으로 진행한 모든 이벤트의 취지는 친환경적인 의미가 있어야만 했습니다. 간혹 얼스어스가 친환경 카페인지 모르는 곳에서 제안이 오면 항상 친환경적인 의미가 있는 이벤트인지 확인하고 그렇지 않다면 거절했습니다. 이렇듯 얼스어스가 지키려고 노력하는 가치 덕분에 다양한 브랜드와의 협업을 경험할 수 있었습니다. 얼스어스는 앞으로도 취지에 맞는 브랜드가 나타난다면 즐겁게 그리고 제대로 협업을 준비해보려고 합니다.

이처럼 협업 경험이 쌓이면서, 얼스어스만의 소소한 이

벤트도 꾸준히 기획하게 되었습니다. 얼스어스 1, 2주년 때는 원두를 사용하고 난 뒤 남은 멀쩡한 원두 봉투를 활용해 카드지갑, 동전지갑을 만들어 나눠드리거나 포장용기를 만들어 떡을 담아드리는 이벤트를 했습니다. 연말 이벤트로는 당시에는 평소에 만들지 않던 홀케이크를 한정으로 제작하거나 무코팅 종이달력을 소량 제작해 수익금을 환경단체에 전액 기부하기도 했습니다. 이외에도 4월 5일 식목일, 4월 22일 지구의 날, 6월 5일 환경의 날에는 대나무칫솔, 생분해 치실, 고체 치약 등을 나누며 한 번쯤 친환경제품을 경험할 수 있는 기회를 제공하기도 했습니다.

이런 이벤트가 있는 날이면 손님들뿐만 아니라 스태프들도 즐거워 합니다. 평소처럼 가게에 방문한 손님들이 이런 깜짝 이벤트로 기분 좋은 표정을 짓거나 긍정적인 말을 건네주기도 합니다. 그러면서 자연스럽게 하루 종일 밝은 분위기가 이어지는데 그때마다 그날의 우리들과 손님들 사이에 오가는 에너지가 정말 좋습니다. 소소하지만 단순하고 확실한 기쁨을 나눌수록 느낄 수 있는 즐거움이 분명히 존재합니다.

우리는 젊고 얼스어스의 미래는 밝아

가끔 얼스어스가 카페가 아니라 보통의 회사였으면 좋겠습니다. 직원들 모두 같은 공간에서 일하고 같은 날 쉬고 같은 시간에 식사를 하는 곳이요. 회사에서는 비슷한 시기에 입사해 일을 시작하면 서로 친해지고 함께 승진하며 한 공간에서 오래 같이 일하기 마련인데, 저희 얼스어스에서는 오래 일하다 보면 어느새 다른 지점에서 또 다른 신입 스태프를 맞이하고 이끌어야 합니다. 근무하는 지점까지 달라지면 서로를 '만나려야 만날 수 없는 해와 달 같이 사이가 되었다'고도 합니다. 이렇게 만나기 어려운데도 굳이 시간을 쪼개어 퇴근을 기다려주거나, 휴무일에 서로 약속을 잡고 일터 밖에서 만나는 스태프들을 보면 왜인지 모를 안도감과 기쁜 마음이 듭니다.

물론 이런 만남이 잦아지면 몇몇 사람들끼리 편이 생길 수도 있습니다. 친해진 스태프들끼리 가게에 불만이 생기고, 그런 이들의 목소리가 커지면서 얼스어스를 떠나는 일이 생기기도 했는데, 다행히 지금까지 남아 있는 스태프들은 서로 가까이 지내면서 에너지를 주고받으며 가게에 더욱 애정을 쏟아냅니다. 대표로서 너무 고마운 일입니다.

지난 2월 밸런타인데이에 한정 수량 케이크를 선보였을 때 일입니다. 여느 때처럼 재고가 남아 버리는 일이 없도록 미리 예약을 받고 한정 수량 케이크만을 만들었습니다. 그러다 보면 뒤늦게 당일에 케이크를 찾는 분들이 있기 마련입니다. 대목인 날엔 손님을 맞이할 준비를 하느라 더 바쁠 텐데, 아침부터 가게에서 전화가 왔습니다. 케이크 반죽을 많이 준비해 여유가 있으니 인스타그램 스토리로 당일 손님을 더 모객하면 좋겠다는 서촌점 스태프들의 요청이었습니다. 전화 너머의 스태프들은 입사일은 2년 반이나 차이가 나지만 동갑이라 더없이 사이가 좋은 친구들입니다. 두 사람은 오픈 전부터 합심하여 케이크 반죽을 잔뜩 만들어두었고 누가 먼저랄 것도 없이 저에게 전화를 걸어 당일 예약 홍보를 하라고 전했습니다.

2023년 9월, 지난 6월 오픈한 성수점을 앞으로 6개월 후인 2024년 3월에 폐업하기로 힘든 결정을 내렸습니다. 이 가게를 유지하는 게 얼마나 어려울지 시작부터 예상했던 일이었으나, 잠시 인생이 끝난 듯한 감정에 사로잡혔습니다. 더군다나 성수점은 나를 믿고 이제껏 같은 방향으로 달려준 은우에게 심적으로 많이 기대고 있었습니다.

'은우라고 괜찮을까. 혹 이제 다른 길을 찾아보겠다고 하면 어떡하지?'

제 마음이 조금 진정된 뒤에는 곧바로 은우가 걱정되었습니다. 저는 은우를 만나, 조금 무리해서라도 재정비 후에 다시 작게나마 지점을 여는 게 어떨지 물었습니다. 은우는 일단 우리의 부족한 점을 알았으니 내실을 다지자고 대답했습니다. 지금이 아니면 언제 다시 자금을 끌어올 수 있을까. 저는 은우에게 족히 5년은 더 걸릴 거라고 풀 죽어 말했죠.

"5년 뒤든 10년 뒤든 어때, 우리는 젊고 얼스어스는 밝아!"

은우가 위로의 말을 건넸습니다.

'폐업' 앞에서, 인생이 전락됐다고 생각했습니다. 저를 둘러싼 모든 관계도 변할 거라고요. 무섭고 두려웠습니다. 그런데 놀랍게도 얼스어스 팀원들에게 저는 존재하는 그 모습

그 자체일 뿐이었습니다. 변한 건 저 하나뿐이었습니다.

잘 다니던 회사를 그만두고 카페를 한다고 했을 때 결사 반대했던 엄마는 부산점과 서촌점으로 사업을 확장해갈 때도 늘 만류하며 걱정을 앞세우셨습니다. 성수도 예외가 아니었고, 부모님은 모두 더 이상 일 벌리지 말고 저축하며 살라고 신신당부를 했습니다. 그럼에도 제 확신대로 밀어붙였던 성수점이었습니다. 그런 성수점을 그만 닫아야겠다고 결정을 내리기까지, 며칠 동안 잠도 못자고 밥도 제대로 먹지 못하는 날을 보내야 했습니다.

피폐해진 상태로 부모님께 성수점 폐점을 상의했습니다. 크게 혼이 날 줄 알았던 저에게 엄마가 말씀하셨습니다.

"네가 하고 싶은 대로 해, 현희야. 걱정할 거 없어. 까짓 거 안 되면 접어버려야지. 너무 신경 쓰지 마, 우리 딸."

엄마의 응원을 받자 정신이 말끔해지는 기분이었습니다. 엄마는 진심으로 제가 괜찮기를 바랐습니다. 부모님께 처음으로, '하고 싶은 대로 하라'는 말을 들은 날이었습니다. 가족들의 무한한 응원 덕분에 나락으로 떨어졌다고 생각했던 지난날이 거짓말처럼 느껴졌습니다.

더 이상 걱정하지 않기로 했습니다. 그저 저다운 모습으로 그대로 서 있기로 다짐했습니다. 하늘이 두 쪽이 나도 저를 둘러싼 이 견고한 세상은 결코 변하지 않는다는 걸 주변인들 그리고 가족들 덕분에 알게 되었으니까요.

우리 내일도 무사히 만나자

마감 30분 전, 손님들에게 마지막 주문 공지를 합니다. 그리고 주방에서 마감 설거지를 시작합니다. 마감 10분 전, 홀 손님들에게 영업 종료 시간을 알리며 혹시나 하는 마음으로 문 닫기 전에 화장실 사용 안내도 빠뜨리지 않습니다.

마침내 손님들이 모두 나가면 주방 파트는 오늘 하루 동안 재료들을 듬뿍 품고 있던 냉장고와 냉동실 정리, 설거지, 그릇 정돈 등 주방 정리와 관련된 업무를 진행합니다. 홀 파트는 화장실 청소 및 가게 내부 곳곳을 청소기로 청소합니다.

정리와 청소가 끝나면 다음 날 오픈에 필요한 재료도 미리 꺼내고 부족한 재료를 주문도 하고 영업 중에 계속 조절하는 냉동고 온도 세팅도 맞춥니다(다른 무엇보다 이걸 깜빡했다간 정말 큰일이 납니다). 겨울이나 여름에는 냉난방기 전원을 두세 번 체크합니다. 더불어 저울, 블루투스 스피커, 음약을 책임지는 아이패드와 웨이팅 기기 태블릿, 충전용 건전지 등등 영업에 필요한 기기들을 밤새 충전합니다.

불을 다 끄고 가게를 나오면서, 밤새 돌아가지 않아도 되는 모든 전원의 차단기를 내립니다. 그러고 나면 고단했던 하루가 정말 끝이 납니다.

처음 연남점을 열었을 때는 주방 상태가 항상 아쉬웠습니다. 오픈 주방 형태인 가게에서 이미 설치되어 있는 스테인리스 간이 싱크대가 너무 잘 보였기 때문입니다. 언젠가 바꿔야지 하는 마음으로 열심히 돈을 모았습니다. 그 다음 해 여름, 홍대에 있는 목공소들은 모두 찾아다니며 제가 그린 삐뚤빼뚤한 도안을 들이밀고 견적 상담을 받았습니다. 그러다 마음씨도 좋아보이고 가격도 적당했던 한 목수 선생님께 새로운 주방을 맡기게 되었습니다.

목수 선생님은 딱 봐도 초보 사장 같은 저에게 화재를 늘 조심해야 한다며 진심 어린 충고를 해주셨습니다. 자신도 목공소에서 나무 분진에 정전기가 생겨 불이 났었던 적이 있다고요. 사장님의 시선을 따라 목공소 천장을 바라보니 불에 그을린 자국이 남아 있었습니다. 연남점을 계약할 때 화재보험은 필히 들어달라는 건물주의 요구에 곧바로 보험에 가입해두었는데 어른들이 왜 그렇게 우려를 하는지 조금은 이해가 되었습니다.

그 말을 듣고 걱정인형이 된 저는 자다가도 불이 날까 무서운 마음에 가게를 확인하러 새벽에 영등포에서 마포까지 달려가기도 했습니다. 어떤 날은 동네 오래된 식당에서 불이 나 우리 집 앞까지 연기가 자욱한 걸 보고 가슴이 철렁해 우리 가게는 무사한지 보고 온 적도 있습니다. 이 걱정은 서촌점을 열었을 때에도 사라지지 않았습니다. 서촌점을 열 당시, 가게 근처로 이사를 한 저는 근본 없는 불안한 마음이 들 때면 냅다 뛰어가 가게의 안위를 살피고 다시 돌아오기 일쑤였습니다.

'내일도 무사히 만나자.'

퇴근하며 가게를 나올 때면 마음속으로 인사를 합니다.

집에 와서도 '잘 있을 거야, 일이 났다면 벌써 나에게 연락이 오고도 남았겠지, 걱장 붙들어 매자' 하고 저를 다독일 때가 많습니다. 그러고 나서 아침에 아무 일이 없이 무사히 가게에 들어서면 하루 반나절 동안 아무도 없는 이곳이 안전하게 잘 버텨준 게 그저 고마운 날이 되어요.

그렇게 감사한 마음으로 하루를 씩씩하게 시작합니다.

제로 웨이스트 카페 얼스어스 대표로서 약간의 사명감을 가지고 친환경이라 오히려 좋은, 소소한 습관들을 알려드릴게요.

1. 겨울에는 따뜻한 생활복을 입고, 보일러는 밸브를 일부 잠그거나 난방 예약 설정하기

혼자 사는 저는 온 집 안이 탄소를 내뿜는 게 싫어 한동안 보일러를 끄고 살았습니다. 잘 때는 전기장판이 위로해줬고 깨어 있을 때는 두터운 실내화와 옷을 겹겹이 껴입었고, 너무 추울 때는 작은 난로가 버팀목이 되었습니다. 그런데 이렇게 추위를 버티다 보니 하루 종일 몸을 움츠리고 있어 목과 어깨 통증이 심해지더라고요. 무엇보다 이불 밖을 벗어나지 못하게 되어서야 겨울철 집 안을 적정온도로 유지해야겠다 싶었습니다(뭐든 실행해보고 수정하는 사람입니다).

방법을 열심히 찾고 적용해본 결과, 보일러 배관 중 절반을 잠그고 사용하거나 난방 예약을 4시간 단위로 설정하면 집 안에서 불편함 없이 생활할 수 있더라고요. 무엇보다 탄소량을 줄여 난방비를 톡톡히 절감했습니다.

2. 세탁은 분말 세제를 이용한다

종이 포장된 설거지바, 샴푸바, 린스바, 고체치약 등 친환경 세척바를 안 써본 게 없지만 만족도가 크지 않았습니다. 고체 세제는 성분 외에도 플라스틱 소재의 포장이 아니라서 환경친화적입니다. 다만 이상하리만큼 뽀득거리는 세정력을 지닌 세제에 익숙해진 탓에, 자연 유래 성분으로 만든 고체 세제가 영 개운하지 않게 느껴지기도 했습니다.

이런 아쉬움을 느끼다가 세탁 세제로 분말형을 쓰게 되었습니다. 요즘 세탁세제는 커다란 플라스틱 통(색이 들어간 플라스틱은 재활용이 안 된다고 합니다)이나 일회용으로 소포장된 액상 세제가 마트나 온라인 몰을 가득 채우고 있습니다. 분말 세제 중 종이 박스 또는 비닐 포장이 된 제품으로 구매하면 플라스틱보다 쓰레기 부피를 훨씬 줄일 수 있습니다. 액상 세제보다 양 조절이 쉬워 과하게 사용하지 않게 됩니다. 또 베이킹 파우더와 섞어 사용하면 세정력은 더 좋아지고 환경은 그만큼 덜 해칠 수 있습니다.

우리가 분리해서 버리는 플라스틱 쓰레기의 대부분이 재활용되지 않는 현실에서, 저는 가급적 재활용률이 높거나 부피가 작은 물건을 구매합니다. 페트병 커피보다 재활용이 잘되는 캔커피, 페트병 맥주보다 병맥주나

캔맥주, 플라스틱 포장 삼겹살보다 비닐 포장된 삼겹살을 선택하는 것이죠. 이렇게 하면 환경에 해로운 건 마찬가지더라도 생산할 때나 소각할 때 탄소 배출이 조금이나마 줄어들지 않을까요. 이런 우선순위를 늘 생각하며 장을 보고 있습니다.

3. 무심코 구매하는 노트나 달력은 스프링 없이!

스프링이 달린 노트나 달력을 버릴 때에는 스프링을 제거해야 합니다. 또 제거하더라도 철제가 아닌 플라스틱 스프링은 재활용이 되지 않는 불필요한 쓰레기가 됩니다. 되도록이면 구매할 때부터 스프링이 없는 제품으로 선택하고 있어요.

4. 일회용랩 대신 다회용기가 답이다

바나나 또는 사과 등 먹다가 남은 과일을 보관할 때, 일회용랩 대신 여러 번 사용 가능한 실리콘랩이나 밀납랩을 사용했었습니다. 하지만 밀납랩은 과일 표면에 밀납이 묻기 일쑤였고 실리콘랩은 밀폐가 확실히 되지 않아 아쉬웠습니다.

그러던 어느 날 귀찮은 마음에 남은 과일을 다회용기에 담아 냉장고에 바로 넣어 보관했는데 생각보다 싱싱함이 오래 유지되고 표면도 크게 마르지 않더라고요. 이후로 과일뿐만 아니라 사용하고 남은 식재료도, 한 끼

식사 후 남은 반찬은 그릇째 다회용기에 그대로 넣어 보관합니다. 생각보다 정말 편리해요. 다회용기를 넉넉히 구비해두고 오래오래 사용하길 추천합니다.

5. 물티슈 대신 손수건과 알코올을 활용하자

요가를 좋아하는 n년차 비기너 요기니입니다. 열심히 수련하고 나면 온몸이 젖을 때도 있고 매트에 땀이 묻어나기도 하는데요. 매트 위에 전용 블랭킷을 깔아 땀이 묻는 걸 방지할 수도 있지만, 저는 부피 큰 블랭킷을 세탁하고 관리하는 게 귀찮아서 챙겨 다니지 못합니다. 그렇다고 제로 웨이스터로서 물티슈를 쓸 수는 없는 법!

손수건 한 장을 챙기고 수련을 갑니다. 오늘의 수련이 끝난 뒤 알코올을 뿌린 손수건으로 매트를 꼼꼼히 닦아줍니다. 그러고 나서 손수건을 펼쳐 매트 끝에 넣고 그대로 요가 매트와 말아 보관합니다.

매트에 돌돌 말아 보관하더라도 알콜 성분이기 때문에 매트도 손수건도 금세 마릅니다. 요가를 하면서 땀을 많이 흘리지 않는 편인 저는 손수건을 2주에 한 번 정도 세탁합니다. 꿉꿉하거나 좋지 않은 냄새가 난 적은 단 한 번도 없으니 안심하세요.

물티슈는 이름만 '티슈'이지 플라스틱으로, 재활용이 되지 않는 쓰레기입니다. 물티슈 대신 손수건을 사용하는 습관을 적극 추천합니다.

6. 가장 중요한 건 소비부터 줄이기

얼스어스를 만들면서 제가 살아온 맥시멀리스트의 삶도 정리하고자 부단히 애를 써왔습니다. 옷이나 신발, 소품 등 물건들이 저에게 주는 행복은 무척 컸습니다. 그럼에도 지구를 아끼고 걱정하는 사람으로서 함부로 무언가를 사지 않기로 했습니다.

소비를 통제하기 위한 저만의 방법을 알려드릴게요. 사고 싶은 물건들이 생기면 장바구니에 먼저 담아둡니다. 하루에도 수십 번 상세페이지를 보는 시간을 하루에 한 번, 이틀에 한 번, 일주일에 한 번으로 서서히 덜 들여다보며 줄여갑니다. 이렇게 시간이 지나면 이건 필요없겠다 싶은 물건이 생깁니다. 그럼 장바구니에서 삭제합니다.

이런 방식으로 사고 싶은 물건을 80%까지 줄였습니다. 부피가 큰 가구들은 눈에 아른거리는 걸 꾹 참고 버팁니다. 서너 달 지속되면 고민하지 않고 구매하기도 해요. 그러면 정말 아끼며 오래 사용하게 되더라고요.

옷이나 생활용품은 버리기 전에 기부처나 당근에 무료 나눔을 합니다. 재빠르게 물건이 정리되면 쾌감이 짜릿합니다. 새 주인을 만나 사랑을 듬뿍 받게 되기를 상상하며 떠나 보냅니다.

여전히 집 안을 채우고 있는 물건들을 볼 때면 죄책감이 듭니다. 하지만 '처음부터 완벽하지 않다. 나는 제로 웨이스트를 지향하는 삶을 살고 있을 뿐이야'라고 생각을 덜어내고 할 수 있는 선에서 노력합니다. 자원이

헛되이 버려지지 않도록 제가 들인 물건의 끝을 좋은 방향으로 정해주는 것까지 제 몫인 것으로 책임을 다하면서요.

에필로그

일하며 행복한 나를 믿고 얼스어스는 나아갑니다

일이 일로 그치지 않게, 일을 통해 어떻게 자아를 실현할 수 있을까 늘 고민했습니다. 공익광고를 만들고 싶어 광고를 전공했고, 존경하는 교수님께 '이 조그만 학교도 놀라게 할 수 없다면 세상을 놀라게 할 수 없다'거나 '광고를 전공한 사람은 슈퍼마켓을 해도 남들과는 다를 것'이라는 가르침을 배웠습니다. 커피를 좋아하고 환경에 관심이 많던 저는 세상에 존재하지 않던, 일회용품을 제공하지 않는 카페 '얼스어스'라는 브랜드를 만들었습니다.

인생에 단 한 번뿐일 얼스어스의 첫 손님

2017년 11월 10일 낮 12시. 땡 하자마자 문을 두드려준 손님을 잊지 못합니다. 밖이 추운지 짧은 호흡으로 손을 호호 불며 들어온 손님이 주문한 첫 메뉴는 따뜻한 바닐라빈 크림라테였고요. 정말 떨리는 마음으로 커피를 내리고 스팀을 하고 크림을 올렸습니다. 어떻게 얼스어스를 알고 왔는지 물었더니, 서울 외곽에 사는데 얼스어스 오픈 소식을 인스타그램으로 보고 부지런히 찾아왔다고 했습니다.

제 인생에 단 한 번뿐일, 잊지 못할 첫 손님이 나간 뒤 자리를 정리하러 테이블로 향했습니다. 잔 바닥에 남은 커피 자국이 차갑게 굳어 있더라고요. 추워진 날씨 때문일까 아니면 손님이 이곳에서 오랜 시간 머물렀기 때문일까. 밑바닥이 보인 걸 보면 맛있게 드신 걸까 아니면 돈이 아까워서 다 드신 걸까. 진짜 속마음을 알 수 없어 머리가 복잡해지는 순간이었습니다.

그러다 며칠이 지나고 첫 손님이 남긴 후기를 볼 수 있었습니다. 아주 맛있었다고. 너무 맛있는 커피였다고. 엉켜 있던 머릿속이 아주 잠시 맑아지는 기분이었습니다.

손님들은 얼스어스를 어떻게 느끼고 돌아갔을까 항상 궁금했어요. 가게를 오픈한 뒤에는 매일 네이버 블로그와 인스타그램 후기를 확인했습니다. 다행히 꽤 많은 손님들이 바로바로 후기들을 남겨주었고, 덕분에 얼스어스를 어떻게 느꼈는지 생생하게 볼 수 있었습니다. 맛있게 먹었다는 미소 뒤에 다른 이야기가 있는 건 아닐까? 좋았다고, 맛있었다고 저에게 칭찬을 건네도 내 앞이니까 그냥 한 말일 테지, 하며 넘겼는데 좋은 점 부족한 점 모두 자세히 적힌 후기를 볼 때면 그제야 마음이 놓였습니다.

반년 정도 시간이 흐르고 따뜻한 봄이 되었던 날. 예상치 못하게 얼스케이크가 큰 애정을 받으면서 저는 새로운 디저트 메뉴 출시에 대한 압박을 받고 있었습니다. 기존에 있던 크림치즈케이크처럼 제가 좋아하는 케이크가 또 어떤 게 있을까 생각을 거듭했습니다. 그러다 평소 즐겨 먹는 요거트스무디를 케이크로 만들자는 아이디어에서 시작해 〈요거요거요거봐라?블루베리요거트케이크〉를 출시했습니다.

신메뉴를 처음 개시한 날, 손님들의 반응을 떨리는 마음으로 관찰했습니다. 생각보다 케이크를 남기고 가는 분들이 있어서 조금씩 걱정이 되었습니다.

내 입맛을 너무 과신했나, 오늘 케이크를 만드는 데 무슨 실수가 있었나.

한 커플 손님이 계산을 하고 매장을 나가는데, 요거트케이크를 1/3정도 남긴 걸 발견했습니다. 저는 곧바로 문 밖으로 달려가 멀어지고 있던 손님들을 찾았습니다. 실례를 무릅쓰고 케이크 맛이 어땠는지, 왜 남겼는지 솔직하게 말씀해주셔도 된다고 하며 정중히 물어보았습니다. 커플 중 여자 손님이, 기대보다 조금 더 상큼한 맛이라 입맛에 맞지 않아 남겼지만 맛있게 먹었다고 전해주었습니다.

저는 가게로 돌아와 손님이 남긴 케이크를 먹어보았습니다. 케이크가 제공되고 나서, 손님들이 두런두런 이야기하다 먹게 될 때는 케이크의 온도가 올라갈 수밖에 없습니다. 실온에서는 차가울 때보다 더 달고 시게 느껴졌습니다. 손님의 피드백을 받은 다음 날부터 조금 덜 달게 레시피를 수정했습니다. 그랬더니 그 후로 남기는 분들이 거의 없더라고요. 손님에게 직접 달려가 물어봤던 그날의 작은 용기가 즉각 반영되어, 더 나은 메뉴가 되었습니다. 그날 이후로도 메뉴가 새로 나올 때마다 조금이라도 불만족스런 느낌이 남지 않게 손님들의 반응을 세심히 살핍니다.

손님의 피드백은 언제나 세심하게 살필 것

"아, 진짜 우리 가게 메뉴는 다 맛있는 것 같아요. 음료도 맛있고 디저트도 맛있고."

얼마 전에 가게에서 커피를 마시다가 저도 모르게 편하게 나온 말이었습니다. 그랬더니 한 스태프 친구가 저에게 말했습니다.

"사장님은 가게에 대한 자부심이 대단한 것 같아요."

자부심? 그랬나? 스스로를 한 번 돌아보았습니다.

오픈하고 몇 년 동안은 왜 우리 가게는 예쁘지 않을까가 항상 불만이었습니다. 다른 사장님들은 가게를 잘만 가꾸는데 왜 나는 그런 능력이 없을까 하고 스스로를 힘들게 했습니다. 손님들이 메뉴를 주문하고 값을 치르고 입에 넣는 순간에는 항상 긴장했습니다. 제가 만든 커피와 디저트가 돈을 받고 팔 만한 수준인가. 지금도 손님들의 입에서 "아, 맛있다" 하는 말이 나오지 않으면 체할 것 같은 심정입니다.

시간이 흐르면서 자연스럽게 손님들이 좋아해주고 찾는 메뉴인 얼스케이크가 얼스어스의 시그니처가 되었습니다. 오픈한 지 2, 3년차가 되었을 때에는 처음보다 긴장도 덜 하고 가끔은 자신 있게 메뉴를 추천하기도 했습니다만 지금도 여전히 신메뉴 출시마다 온 신경이 다 그쪽으로 향합니다.

어느새 '연남동 터줏대감 카페' '서촌을 대표하는 카페'라는 말이 크게 부담스럽지 않을 만큼 시간이 흘렀습니다(그럼에도 부정하고 싶은 마음은 늘 있습니다. 기대가 크면 실망도 큰 법이죠). 여전히 손님들이 가게를 찾아주고 계절마다 같은 메뉴를 즐기러 방문하는 발걸음들을 바라보며 그렇게 천천히 자신이 생겼었나 봅니다. 그리고 신기하게도 가게가 예쁘게 보이는 순간도 찾아왔습니다.

하루하루 손님들과 쌓아온 시간 덕분에 조금은 편안하고 여유로운 마음으로 손님들을 맞이하게 되었습니다. 그 여유는 스스로 가게 메뉴가 손색없이 맛있다고 느끼게 된 단단한 자부심이 만들어낸 것 같습니다. 그래도 처음과 같이 여전히 변하지 않는 것들이 있습니다. 얼스어스에 대한 부정적인 피드백이나 아쉬운 경험들을 들으면 최대한 해결하려고 노력합니다. 그런 말은 아무리 시간이 지나도 그냥 흘려보낼 수가 없습니다.

언젠가 인스타 DM으로 무물(무엇이든 물어보세요)를 진행했습니다. 그때 가게에 애정이 있던 한 손님이, 오픈 몇 분 전에 미리 도착했는데 날씨가 더운 탓에 밖에서 기다리기가 너무 힘들었다는 피드백을 남겨주었습니다. 안에서 기다릴 수 있으면 더 좋겠다는 의견을 전해주셨는데, 이 피드백을 받고 저는 즉시 가게 문을 열기 전에 원격 웨이팅을 오픈하도록 했습니다. 미리 와서 문 앞에서 기다리는 시간을 없애고 정각에 맞춰 도착해 웨이팅 순서대로 들어오시면 굿은 날씨에 오시는 분들도 덜 힘들지 않을까 해서요.

처음에는 단골손님들을 비롯한 팀원들이, 한 분의 말 한 마디 때문에 이런 시스템을 만드는 게 이해가 안 된다는 반응이었습니다. 하지만 시행하고 나니, 매일 오픈 전 웨이팅을 걸고 기다려주는 분들이 있었고 주말에는 문을 열자마자 만석이 되는 걸 볼 수 있었습니다. 많은 분들이 생각지 못했던 혹은 생각은 하고 있었지만 미처 말하지 못했던 의견이었을 수 있겠다 싶더라고요. 어렵게 건네준 손님의 피드백은 이렇게 얼스어스의 운영에 큰 도움이 됩니다.

앞으로도 제가 할 일이란 얼스어스 손님들의 의견에 시선을 잘 두는 것입니다. 그 의견들이 소중하게 느껴지지 않는 날이 되면 후회 없이 가게 문을 닫아도 될 겁니다.

지치면 안 된다, 물러설 수 없는 마음

가게를 운영하면서 힘든 일도 정말 많았습니다. 그중에 가장 힘들었던 일은 매출이 떨어지는 일도, 고된 손님을 만나는 일도 아닌 스스로 지치는 일이었습니다. 작은 브랜드를 운영하는 분들이 으레 하는 말이 있습니다.

"사장님이 지치면 그 브랜드는 끝난 거예요…."

이 말처럼 '내가 지치지 않아야 한다'는 의무감이 여전히 영향을 미치고 있습니다.

최근 카페업에 대한 강연을 준비하다가, 바리스타로 일을 하고 있는 어떤 분의 브런치 글을 읽었습니다. 현재는 카페 직원으로 일하고 있는데, 자신이 사장이 되면 장사가 안 되는 홀이 텅텅 비어 있는 시간들을 견딜 자신이 없다고 적혀 있었습니다. 스스로 창업의 목적이 확실하다면 이런 시간을 버틸 수 있을 것 같은데 아직은 그런 이유를 찾지 못했다고요.

저는 창업하고 처음 2년간은 주 90시간 가까이 쉼 없이 출근해 일을 했습니다. 연남점이 자리 잡은 뒤, 2호점 해운대점을 오픈했지만 직후에 코로나가 터져버렸습니다. 3호점 서촌점을 열고 나니 3일 뒤에 '코로나 확산 방지를 위해 카페의 홀 영업을 무기한 중단하라'는 정부 지침이 내려왔고요. 하릴없이 버텨야 하는 시간들을 겪으며 매해 '삶은 녹록치 않다'는 어른들의 푸념을 조금씩 이해했습니다.

코로나가 한창일 때의 어느 날이었습니다. 한 단골손님이 DM을 보내주었습니다.

일회용품 쓰셨으면 좋겠어요. 일단을 살아남고 봐야죠.

진심으로 응원하는 마음에 드리는 말씀입니다.

얼스어스를 아끼는 마음이 그대로 전해져 정말 고마웠습니다. 그럼에도 저는 얼스어스만의 번거로운 포장법을 고수했습니다. 배달이 불가능해 매출이 떨어지고 있어도 제 마음은 단 1퍼센트도 흔들리지 않았습니다.

브런치에서 우연히 마주친 글을 읽고, 그토록 힘든 시기에도 번거로운 포장법을 왜 포기하지 않았는지 비로소 깨닫게 되었습니다. 저에게는 얼스어스의 목적이 분명했기 때문입니다.

하루하루 열심히 고군분투하는 일상 속에서 문득, 이런 생각이 들 때가 있습니다.

"내가 꿈을 이루었네?"

'열심히 일하면 일할수록 조금 더 나은 세상이 되게 하는 직업'을 갖는 게 오랜 꿈이었는데, 어느새 그런 일을 찾아 매일 하고 있습니다. 가끔씩 일로 행복한 저를 만나고도 있고요.

이 책을 읽어주신 여러분도 언제 어디에서건 자신을 충만하게 만드는 행복한 일을 발견하길 바랍니다. 그런 날이 올 거라 진심으로 믿습니다.

감사의 말

제가 지금까지 가게를 할 수 있었던 이유는 얼스어스를 찾아주시는 손님들 덕분입니다.

어렸을 때 누군가 집에 놀러오면 항상 커피나 음료를 맛있게 만들어서 대접했습니다. 그게 재밌었어요. 다들 맛있다고 엄지를 치켜 세웠습니다. 그럼에도 제가 만든 것을 돈을 받고 파는 건 상상도 해보지 못한 일이었습니다.

연남동 한 주택의 주차장 자리, 반지층의 얼스어스를 열고 한동안 저는 덜덜 떨었습니다. 가슴이 세차게 쿵쾅댔구요, 청력은 무슨 소머즈처럼 작은 소리도 다 들렸어요. 손님들 테이블 위에 놓인 커피가 얼마나 줄어들고 있는지, 디저트는 남기지 않았는지, 뒷통수에도 눈이 달려 있을 수 있구나를 몸소 이해하게 되었습니다.

그라인더에 원두가 갈갈갈갈 하고 갈리면 제가 갈려 나가는 것처럼 느껴지고 커피 위에 얹는 차가운 크림이 커피의 온기로 녹을 때면 제가 녹아 내리는 것 같았어요. 사업을 시작해놓고 모든 게 자신이 없었습니다. 숙제를 하나도 제대로 끝내지 못하고 개학을 맞이한 마음이었던 것 같아요.

그런데 이상한 일이 자꾸 벌어졌습니다. 손님들이 들어와 주문을 받을 때면,

"어? 전에도 오시지 않았나요?"

"어제도 오시고 오늘 또 오셨네요!"

하는 일들이 자꾸만 생기는 겁니다. 연남동에 카페가 이렇게나 많은데 왜 우리 가게를 자꾸만 오시지? 당황스럽기도 했습니다.

한 번은 우리 가게에 자주 와서 돈을 쓰는 손님에게 너무 죄송한 마음이 들어(왜 이랬을까요 저는…) 한껏 울상을 지으며 "와주셔서 정말 감사하다고" 코를 박으며 인사를 드렸습니다.

그러자 그 단골 손님은 이렇게 대꾸했어요.

"맛있으니까 자꾸 오죠, 너무 맛있어요."

그게 시작이었습니다. 조금씩 마음 편히 카페 얼스어스를 사랑할 수 있게 된 것이요. 그때부터 손님들 얼굴을 보는 게

행복하더라구요. 정말 천천히, 맛있다고 건네주는 피드백을 진심으로 받아들일 수 있었어요.

아무리 힘든 일이 있어도 또는 가게 일로 힘들어도 하루에 단골 손님들 두세 번만 마주쳐 인사하고 이야기를 나누면 피로가 말끔히 씻겼습니다. 제가 가끔 "사장님 복지는 단골손님"이라고 하는데 장난이 아닙니다. 진짜 진심이에요.

요즘도 자주 오시는 분들께 찾아주셔서 감사하다고 말씀드리는데, 제 진심이 제대로 전달되지 않을까 말씀드리면서도 걱정되어요.

진심으로 정말 감사합니다. 그리고 언제나 하는 말이지만, 자주 오지 마세요. 질리니까!

우리는 오래 보자구요!

2023년 7월, 얼스어스 이야기를 책으로 펴내자고 유유히 이지은 대표님으로부터 제안을 받았습니다. 자신이 없기도 했지만 설레기도 했습니다. 그 뒤로 지난 1년 4개월 동안은 숙제처럼 글을 쓰고 보내는 일의 반복이었습니다. 처음으로 하얀 화면을 마주하고 글을 쓰려고 하니 마치 망망대해에 나 홀로 돛단배를 들고 나온 기분이었습니다.

문장 끝을 어떻게 마무리 해야 하지?

이런 이야기를 다 써도 되나?

그렇게 막막한 기분으로 글을 쓰고 메일을 보냈습니다. 처음으로 제 글의 피드백을 받았습니다. 오! 정말 이렇게나 괜찮은 내용이었다고? 싶을 만큼 커다란 칭찬과 지지, 그리고 대표님이 느낀 솔직한 점들까지 세세히 적혀 있었어요. 글에 대한 피드백 덕분에 다음 메일이 기다려지기까지 했습니다(물론 아주 적은 빈도로요… 대체로 글을 쓰는 것은 고된 일이니까요. 하하).

대표님과 차례차례 글을 써나가면서 편집자는 인내하는 사람이구나 배웠습니다. 글이 예상에서 벗어나거나 부실해도 다음 원고의 방향을 잡아주고 그대로 쓰라고 독려해주었습니다.

얼스어스 이야기를 이렇게 단단하게 엮어주셔서 정말 감사합니다. 대표님을 믿고 아무 말이나 던져봐도 되겠다는 생각이 들자 더 이상 막막하지 않았어요.

이야기를 쓰는 사람은 작가이지만 책을 짓는 사람은 편집자라는 것을 깨달았습니다.

인생에서 가장 감사한 사람을 꼽자면 단연 가족들입니다. 할머니 말을 안 듣던 엄마는 어릴 때 할머니께 늘 "너도 너 같은 딸 낳아봐라!" 하는 이야길 들으셨다고 해요. 그리고 진짜로 본인보다 더 말 안 듣는 딸을 낳았다고 합니다. 그러면서도 엄마는 자기 딸을 너무 사랑해서 차마 저 말을 못하겠다고 제 앞에서 웃픈 표정을 짓곤 하십니다.

하고 싶은 거 다 하라던 엄마(근데 이제 진짜 이렇게까지 다 할 줄은 몰랐을… 엄마, 미안), 성실하게 살라는 가훈을 어린 오빠와 저에게 일려주며 스스로의 인생을 성실함만으로 채운 아빠, 할머니 사랑은 독차지했지만 본인이 받은 그 사랑을 아낌없이(근데 동생 머리를 가끔씩 쥐어박으면서) 퍼부어주던 오빠, 멋대로인 가족의 막내를 언제나 응원해주셔서 정말 감사합니다.

지금까지 얼스어스를 할 수 있었던 게 손님들 덕분이라면 얼스어스를 재밌게 운영할 수 있었던 건 스텝 친구들 덕분입니다. 그 이유는……

작가의 말이 너무 길면 지루하더라고요. 스텝 친구들에게 감사한 마음은 서로 부대껴가며 충분히 전하겠습니다.

여기까지 읽어주신 독자분들께도 진심으로 감사드립니다.

포장이 되지 않는 이상한 카페에서

유일무이 번거로운 포장법을 고집하고 있는

얼스어스 운영자

길현희

For Earth

For Us

지구를 위하는 일이

곧 우리를 위하는 일이다

용기 있게 얼스어스

세상에 없던 브랜드를 만드는 사람의 이야기

초판 1쇄 인쇄일 2024년 11월 1일
초판 1쇄 발행일 2024년 11월 10일

지은이 길현희
발행인 이지은
마케팅 전준구
디자인 송윤형
제작 제이오

발행처 유유히
출판등록 제 2022-000201호 (2022년 12월 2일)
ISBN 979-11-93739-11-2 03320